ふつうの材料だけで作る

お店みたいな
スイーツレシピ

megu

KADOKAWA

はじめに

素敵なカフェでいただくような、おいしくて、とびきりかわいいスイーツ。
それをおうちで、しかも簡単に作れたら……最高だと思いませんか？

私は元々、お菓子を作ることも、食べることも大好き。
製菓学校を卒業した後、ホテルパティシエとして本格的な技術を身に付け、
現在はカフェでスイーツを製造する仕事をしています。

そんな私の経験を生かして、おうちでも気軽にトライできるレシピを考えました。
「家で作るなら、この材料はいらないよね」「これはしなくても同じ仕上がりになるはず」と、
不要な材料や手順をポイポイ捨てて超簡単に。
ただその分、「ここは絶対にハズせない」というプロ視点のコツを入れてあるので、
初めての方でも失敗なく、おいしくてかわいすぎるスイーツができあがります！

レシピは簡単でも味がイマイチでがっかりしたり、
おいしそうでも、難しすぎて気軽に作れなかったり……
お菓子作りって、なかなか思い通りにいかないこともありますよね。
私も小さい頃から家でお菓子を作ってきたので、作る人の気持ちがよくわかるのです。
だからこそ、この本では「簡単」だけど「お店クオリティ」という、
気軽さと満足度をどちらもかなえる、絶妙なラインを目指しました。

使うのは、スーパーやコンビニで買えるふつうの材料だけ。
その上、簡単な工程・特別な道具もなしという条件で、
最高においしく、かわいくなるように何度も試して完成したレシピです。
混ぜて焼くだけのものや冷蔵庫で固めるだけのもの、仕込み15分以内で作れるもの、
材料7つ以下で完結するようなスイーツもたくさん登場します！
気負わずにできる絶品スイーツで、「おうちカフェ」を楽しんでくださいね。

megu'café

Contents
もくじ

Part 1 とっておきの人気お菓子

Part 2 カフェみたいなチーズケーキ

Part 3 定番の焼き菓子

Part 4 あこがれのお菓子

Part 5 冷たいお菓子

Part 6 チョコレートのお菓子

ふつうの材料だけで作れます

お菓子作りが初めて、という人でも大丈夫。この本に載っているレシピは、
スーパーやコンビニに置いてある身近な材料だけでできます。特によく登場するものをご紹介！

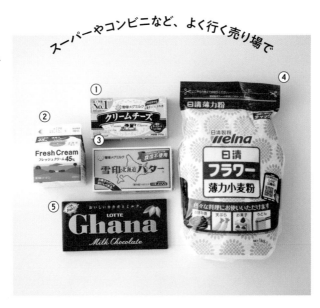

スーパーやコンビニなど、よく行く売り場で

① クリームチーズ
メーカーによって固さや塩味、酸味などが異なりますが、どれでも問題ありません！

② 生クリーム
乳脂肪分が35％ぐらいのものと、40％台のものを使います。出番が多いのは40％台で、仕上げのホイップクリームなどもこちら。軽やかに仕上げたいときは35％のものも登場します。

③ バター
どのメーカーでも大丈夫ですが、無塩タイプを使ってください。有塩バターは塩が含まれているので、味が変わってしまいます。

④ 薄力粉
オーソドックスなメーカーのものでOKです。基本は薄力粉を使用。同じ小麦粉でも「強力粉」はもちもち、サクサクとした食感になるので、時々使い分けます。

⑤ チョコレート
この本のほとんどのレシピは一般的な板チョコ（ミルクチョコレート）で作れます。

ビスケット
メーカーを指定していないときは、お好みのもので。生地用には、私は「CHOICE（チョイス）」をよく使います。

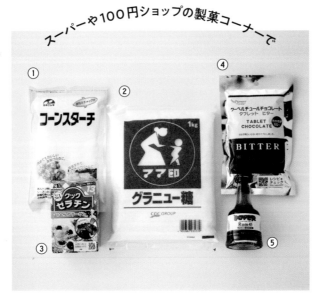

スーパーや100円ショップの製菓コーナーで

① コーンスターチ
とうもろこし原料のでんぷん。軽い食感にしたり、とろみを出したりするときに使用します。

② グラニュー糖
すっきりした甘さの砂糖。粒子が細かいので溶けやすいのもスイーツ向きです。

③ 粉ゼラチン
ゼラチンは板状、粉状、顆粒状が売られていますが、この本では扱いやすい粉ゼラチンを使用しています。

④ 製菓用チョコレート
製菓用チョコ、ルビーチョコ、コーティングチョコなどと呼ばれるものは、いわゆる板チョコ（ミルクチョコレート）とは別もの。レシピで指定しているときは使用推奨です。

⑤ ラム酒
製菓用のものもありますが、普通に飲むためのお酒を使っても問題ありません。

バニラペースト、バニラオイル
バニラペーストはバニラビーンズの香りを抽出して種を加えたもの。値が張るので省いても、バニラオイルで代用してもOK。熱を加えないお菓子ならバニラエッセンスでも。

① フルーツ

例えばレシピで「苺」を使っていても、季節やお好みで他のフルーツにしてもOK。冷凍のものも便利です。ただしゼラチンを使うお菓子は、生のキウイ、パイナップル、メロンなどを使うと固まらないことがあるので、そこだけ要注意！

② 紅茶、ほうじ茶

生地に入れたり仕上げに使ったりする場合は、ティーバッグの中の茶葉が細かくて手軽に使えます。茶葉を粉末状にしたパウダーを使ったほうがいい場合もあり、その都度レシピで紹介します。フレーバーはお好みで。

好みや気分で味のアレンジも可能

③ ココアパウダー

基本の生地をさまざまなフレーバーにアレンジする手法も紹介しているので、1つをマスターすれば、いろんなバリエが楽しめます。ココアを使えばチョコ風味に。砂糖や脱脂粉乳が含まれていない純ココアを使用してください。

抹茶粉

こちらもアレンジ用に便利です。製菓用のパウダーが、色がきれいに出る上、安価なのでおすすめです。

＜ 余ったときの保存方法 ＞

① 焼く前の生地

タルト生地、クッキー生地など液体以外の生地は冷凍保存が可能。ラップし、保存袋に入れて冷凍。使うときは冷蔵庫に移して解凍すれば、いつでも焼き立てが楽しめます。

② 焼いた生地

スコーンやクッキーなど水分が少ない焼き菓子は、保存袋に食品乾燥剤（シリカゲル）と一緒に入れ、さらに密閉容器に入れておけば常温保存できます。
カヌレ、クリームで仕上げをする前のバスクチーズケーキやスポンジは、冷凍保存可能。冷凍・解凍方法は、焼く前の生地と同様です。

ホイップクリーム

ホイップクリームもラップに包み、保存袋に入れれば冷凍できます。使うときは冷蔵庫で1日かけて解凍し、軽く泡立て直します。

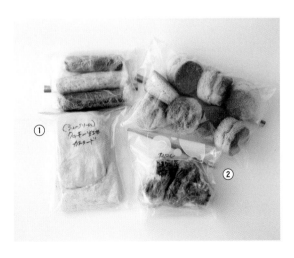

スイーツ作りの基本の道具

揃えておけば間違いない、ベーシックな道具がこちら。これさえあればお菓子作りがスムーズに！
スーパーやホームセンターなどの製菓用品売り場のほか、100円ショップで入手できたりも。

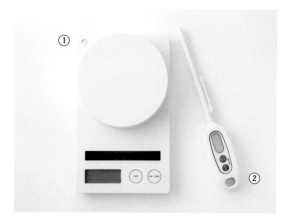

計量のための道具

① スケール
材料は液体も「g」単位で紹介しています。だからこそ味のブレがなく、誰でもおいしく作れます。ただし「0.1g」のような細かい計量は不要。一般のスケールがあれば十分です！

② 調理用温度計
失敗を防ぐために、一部のレシピでは温度管理も紹介しています。これを守るだけで仕上がりがレベルアップ。

混ぜるための道具

① ボウル
材料の量によって使い分けたり、湯煎や氷水に当てる作業で2つ重ねて使ったりするので、大きさ違いで複数あると便利です。

② 泡立て器
大小あると便利です。小さいものは、卵やバターなど少量を混ぜるときに重宝します。

③ ハンドミキサー
生クリームやメレンゲの泡立てに便利。1000～2000円台から購入できます。なくても作れるレシピもたくさん掲載しています。

④ ゴムベラ
材料を練る、混ぜる、生地を流し込むなど、あらゆるレシピで活躍。

その他の道具

① 裏ごし器
目の細かいものがおすすめです。粉ふるいとしても使えます。

② 木ベラ
ゴムベラより固く、力を入れやすいので、裏ごしや、さつまいもなどをつぶすときに活躍。

③ バット
何かを冷やしたり、湯煎焼きをするときに熱湯を入れたりして使います。

④ 麺棒
生地を伸ばすのに使います。

基本の型

① 18×8cmのパウンド型

長細い形のスイーツは、このサイズを基本にしています。アルミやステンレス、シリコンなどの素材があります。

② 直径15cmの丸型

丸いケーキの型はなるべくこのサイズで統一しました。底面が取れるタイプは簡単に外せるので、初心者の方にもおすすめ。

③ 直径6cmのセルクル

枠のみの型。抜き型としても、タルトやムースの型としても使えます。さまざまな大きさがありますが、最初に購入するなら直径6cm型が万能。この本では直径8cm型も使います。

④ 直径18cmのタルト型

タルト生地を焼くときの型です。直径18cmが見栄えがよく、食べ切りやすい大きさです。

仕上げ用

① 茶こし

仕上げの粉糖やココアパウダーを振りかける際に便利。少量の粉ふるいとしても使えます。

② ハケ

仕上げにシロップを塗る、ゼラチンを塗るほか、型の内側にバターを塗るなど、意外に使用頻度が高め。毛のタイプとシリコンタイプ、どちらでも大丈夫です。

③ 口金

デコレーションはお好みです！写真を参考に気分で楽しんでくださいね。サントノーレ口金（15号）、星口金（10切＃8）、モンブラン口金（中サイズ8穴）の3つがあれば、ほとんどのレシピをカバーできます。迷ったらサントノーレ口金を使うとおしゃれな仕上がりに。

④ 絞り袋

ポリエチレンなどの安価な使い捨てのものでOK。クリームや生地などは口金を使わなくてもこの袋だけで丸く絞り出せます。

＼ さらに！ あると便利 ／

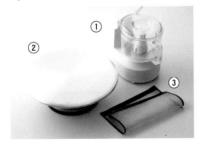

① フードプロセッサー

材料を細かくするだけでなく、混ぜる工程に使うことも。一気に混ぜられるので時短に！

② ケーキ回転台

全体にホイップクリームを塗る作業（ナッペ）やクリームを絞り出すとき、これでケーキを回しながら行うとスムーズ。

③ シルパン

何度も使えるオーブンシート。使い捨てのクッキングシートと違い、クッキーなどの裏面もきれいに焼き上がります。

④ パレットナイフ

フラット（写真上）はナッペ、L字型（写真下）は生地を平らにならす専用の道具。普通のナイフでもできますが、面が大きいので一気に、きれいにできます。

⑤ ペティナイフ

一般の包丁より一回り小さいので、果物のカットやチョコレート、ナッツを刻むときに便利。

⑥ ケーキナイフ

スポンジをスライスしたり、ケーキやタルトをカットしたりするための専用ナイフ。

少しのワザで、お店みたいなクオリティに

よくある工程ごとに「こうすれば失敗しない」「ここを少しこだわるだけで仕上がりに差がつく」という、
パティシエ目線のポイントが実はたくさんあるんです。いろんなお菓子作りに共通する小ワザを集めました。

◇ 下準備のとき

クリームチーズを常温に戻す

1〜2時間では不十分。前日から常温に
出し、軽く押してへこむ状態にします
(写真)。それでも固ければラップに包み、
電子レンジで10秒ずつ、チーズの向き
を変えながら温めてみてください。

卵を溶きほぐす

卵かけご飯のように数回混ぜて終わり、
では×。泡立て器やフォークなどを使っ
て白身のコシをしっかり切るのがポイン
ト。白身と黄身が完全に混ざり合い、サ
ラサラした状態にします (写真)。

ゼラチンをふやかす

"水に粉ゼラチンを"振り入れます。逆に、
"粉ゼラチンに水を"入れるとうまくふ
やかせないので注意! また、使うとき
まで冷蔵庫に入れておくのもポイント。
使うタイミングになったら電子レンジで
溶かしてから加えます (写真)。ゼラチ
ン5g＋水50gの場合、600Wの電子レ
ンジ30秒が目安。

バターを常温に戻す

手で軽く押してへこむ状態になればOK。
夏場で30分程度、冬場は1〜2時間で
柔らかくなります。

バターを溶かす

器に入れ、電子レンジで加熱します。
600Wの電子レンジでバター50gなら
30秒程度、10gなら10秒程度が目安。
これが「溶かしバター」です。

◇ 生地を作るとき

裏ごしする

目の細かい裏ごし器に通し (写真)、生
地が残っていたらゴムベラや木ベラでこ
すります。素材によっては時間がかかり
ますが、根気よく少量ずつ行って。これ
で仕上がりに差が出ます。

湯煎にかける

お湯を張ったボウルに、材料を入れたボ
ウルを重ねて温めます。お湯の温度は特
に指示がない場合50〜60℃で。材料
を溶かしたり、じっくり温めることがで
きます。

型に入れるとき

ボトム生地を敷き込む

平らになるように、ゴムベラやグラスの底面などで押し固めます（写真）。

型にバターを塗る

型にクッキングシートを敷かない場合、焼いた後に外しやすいようバターを塗ります。ポマード状に柔らかくしたバターを、型のすみずみまでしっかり塗り込みましょう。

タルト生地を敷き込む

隅まで生地を敷き、隙間を作らないように。側面は指で押して均等の厚さにします（写真）。手の温度で生地が温まると崩れてくるので、スピーディーに。

生地の空気を抜く

焼き上がりの生地に気泡が残るのを防ぐ、大事な作業。生地を流し入れた型や容器を低い位置から机や台の上にトントンと5〜10回ぐらい落とします（写真）。

仕上げるとき

6分立て　　　　　8分立て

マーキング

生地の中に果物などを入れたとき、クッキングシートやラップなどにペンで印を付けておくと、切るときの目印に（写真）。断面をきれいに見せられます。

スイーツを切る

切り分ける際は長めのナイフを使用。その都度お湯で温めて水滴を拭き取ってから切ると、美しい断面に。

生クリームの泡立て

6分立て（写真左）は、すくい上げるとトロリと落ちるくらいの状態。やや緩めなので伸ばしやすいです。8分立て（写真右）は持ち上げるとツノが立ち、ゆっくり落下します。飾り絞りなどをしてもダレません。

型から外す

焼き菓子は基本的に、焼けて粗熱が取れたらすぐに型から出します。クッキングシートを使わない場合は、型ごとひっくり返して軽く叩くと外れます。ゼラチンで固めるスイーツは、型に沿ってナイフや竹串で一周します。型の周りを温かいぬれ布巾で包むと、きれいに外れます。

本書の使い方

- ●バターは無塩バターを使用しています。
- ●生クリームは特に記載がない限り乳脂肪分40％台のものです。
- ●チョコレートは特に記載がない限り板チョコ（ガーナのミルクなど）を使っています。
- ●卵は特に記載がない限りMサイズです。g表記があるものは、卵を溶いて計量してください。
- ●ヨーグルトは無糖を使用しています。
- ●ココアパウダーは無糖を使用しています。
- ●材料は基本的にg表記しています。水、牛乳、生クリームは1g＝1mℓです。
- ●野菜などの「正味」とは、皮や種を除いた分量です。
- ●オーブンの機種により、焼き上がりの具合が異なります。焼き時間は目安ですので、お使いのオーブンによって様子を見ながら加減してください。
- ●SNSで紹介しているレシピと材料や作り方が異なる場合がありますが、どちらも間違いではありません。

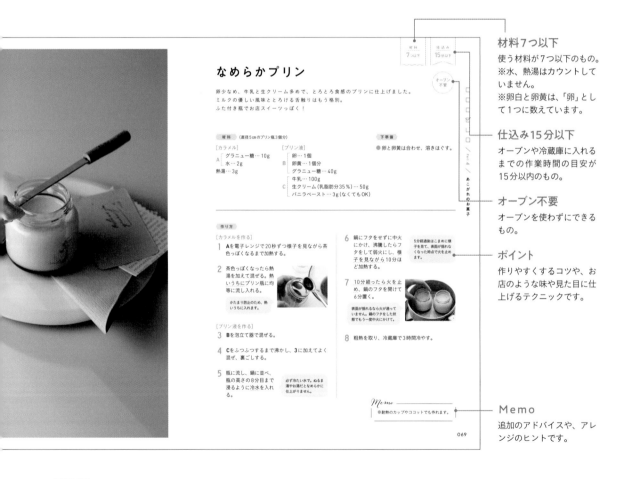

STAFF

デザイン	蓮尾真沙子 (tri)	校正	文字工房 燦光	**撮影協力**
撮影	松永直子	編集協力	関原のり子	UTUWA
スタイリング	久保田朋子		深谷恵美	https://www.awabees.com/user_data/utuwa
調理補助	三好弥生　好美絵美	編集	杉浦麻子 (KADOKAWA)	
DTP	Office SASAI			Special Thanks　広瀬涼

1

とっておきの人気お菓子

私のレシピのなかでも特に反響が多かった、殿堂入りのアイコンレシピ。
「初めて成功した！」という嬉しい声もたくさんいただきました。
簡単だけど、見た目も味も間違いなく最高。
お菓子作りの楽しさを実感してもらえると嬉しいです。

バスクチーズケーキ

職場で毎日のようにバスクチーズケーキを仕込んでいる私の究極レシピ。
混ぜて焼くだけ、トロッと溶け出す仕上がりは想像以上。
抹茶とアールグレイのアレンジもぜひ試してみて。

材料 （直径15cmの丸型1台分）

クリームチーズ… 310g
グラニュー糖… 60g
きび砂糖… 50g
コーンスターチ… 5g
卵（L）… 3個
生クリーム… 180g
バニラペースト… 5g
　（なくてもOK）

下準備

● クリームチーズは<u>常温に戻す。</u>

固いとダマになるので、耳たぶぐらいまで柔らかく。固ければ電子レンジで10秒ずつ、向きを変えながら温めます。

● 卵は溶きほぐす。
● クッキングシートを湿らせ、クシャクシャとしわを寄せてから伸ばし、<u>型に敷く。</u>
● オーブンを250℃に予熱する。

湿らせると焦げ防止に！焼き上がるとシートの跡が付くので丁寧に敷く。

作り方

1 クリームチーズをゴムベラでなめらかになる<u>まで練る。</u>

泡立て器やハンドミキサー、フードプロセッサーを使ってもOK！

2 グラニュー糖、きび砂糖、コーンスターチを順に加え、その都度よく練る。

3 溶いた卵を5〜6回に<u>分けて加え、</u>その都度よく混ぜる。

溶き卵を少しずつ入れ、しっかりなじませることでなめらかな生地に！

4 生クリーム、バニラペーストを加えて混ぜる。

5 裏ごしして型に流し、<u>生地の空気を抜く。</u>

気泡がない、なめらかな断面に焼き上がります。

6 <u>250℃のオーブンで13分、その後210℃で10分焼く。</u>

予熱は必須。高温・短時間で焼くことで濃厚でクリーミーな仕上がりに。焼き上がりは真っ黒か焦茶色がバスクの特徴。

7 粗熱を取り、冷蔵庫で8時間冷やす。

焼き立てはトロトロすぎて食べられない。ここで揺らしすぎないように注意。

Memo

● きび砂糖の代わりにグラニュー糖でもOKです。きび砂糖を使うと、より濃厚に！
● バニラペーストはなくてもOK。バニラオイル10滴で代用しても◎。
● フードプロセッサーに全材料を入れて混ぜれば1〜4をショートカットできます。

Arrange

バスクチーズケーキ 抹茶

材料 （直径15cmの丸型1台分）

クリームチーズ… 310g

A ┌ グラニュー糖… 60g
  │ きび砂糖… 50g
  └ 抹茶粉… 5g

卵 (L)… 3個

生クリーム… 180g

下準備

●プレーン (P.17) と同様。
●Aは混ぜる。

作り方

1 クリームチーズをゴムベラでなめらかになるまで練る。

2 **A**を加えて粉っぽさがなくなるまで練る。

> 抹茶はダマができやすいので、しっかり練り混ぜて。

3 溶いた卵を5〜6回に分けて加え、その都度よく混ぜる。

4 生クリームを加え、混ぜる。

5 型に流し、生地の空気を抜く。あとはプレーン (P.17) の**6**〜**7**と同様。

> 生地が重いので裏ごしはしません。

Memo

●きび砂糖の代わりにグラニュー糖でもOKです。
●ほうじ茶パウダーでも同じように作れます！

Arrange

バスクチーズケーキ
アールグレイ

材料 （直径15cmの丸型1台分）

クリームチーズ… 310g

A
- グラニュー糖… 60g
- きび砂糖… 50g
- アールグレイパウダー… 4g

コーンスターチ… 5g

卵 (L) … 3個

B
- 生クリーム… 180g
- 紅茶葉 (アールグレイ) … 2g

下準備

● プレーン (P.17) と同様。
● Aは混ぜる。
● Bはふつふつするまで沸かし、置いておく。

10分ほど放置して、しっかり色を出しましょう。

作り方

1 クリームチーズをゴムベラでなめらかになるまで練る。

2 A、コーンスターチを順に加え、その都度よく練る。

3 溶いた卵を5〜6回に分けて加え、その都度よく混ぜる。

4 Bを裏ごしして加え、混ぜる。

茶葉をゴムベラでゴシゴシこすって風味を生地に移します。

5 あとはプレーン (P.17) の **5〜7** と同様。

Memo

● きび砂糖の代わりにグラニュー糖でもOKです。
● 紅茶葉はティーバッグを破って取り出したものが使いやすいです。お好きなフレーバーで作ってみてください。

桃のアールグレイ
レアチーズケーキ

仕込み
15分以下

オーブン
不要

見た目はお店級！ ですが、半日あれば作って食べられる、手軽な神レシピ。
何度も試して初心者でも失敗しない作り方に改良しました。

材料 （直径15cmの丸型1台分）

[ボトム生地]
ビスケット… 10枚 (85g)
バター… 50g

[チーズケーキ生地]
クリームチーズ… 200g
グラニュー糖… 100g
ヨーグルト… 100g

A ┌ 粉ゼラチン… 4g
　└ 水… 40g

B ┌ 生クリーム… 200g
　└ 紅茶葉 (アールグレイ)… 6g

[仕上げ]
桃… 1個
レモン汁… 30g

C ┌ 生クリーム… 120g
　└ グラニュー糖… 12g

下準備

● バターは溶かす。
● クリームチーズは常温に戻す。
● Aを合わせ、冷蔵庫に入れておく。 ☑
● Bはふつふつするまで沸かし、置いておく。 ☐
● Cは8分立てにする。 ☐
☐
☐
☐

作り方

[ボトム生地を作る]

1 ビスケットを細かく砕き、溶かしたバターを加えてもみ込む。型に敷き詰め、冷蔵庫で冷やす。

厚手のポリ袋に入れて砕くと簡単。平らになるようにゴムベラやコップの底で押さえて。

[チーズケーキ生地を作る]

2 クリームチーズをゴムベラでなめらかになるまで練り、グラニュー糖を加えて練る。

3 ヨーグルトを加え、泡立て器でダマがなくなるまで混ぜる。

ダマになりやすいので根気よく！

4 Aを電子レンジで温めて溶かし、生地に加えて混ぜる。

ゼラチンをしっかり溶かすことで生地がきちんと固まります。

5 Bを裏ごしして加え、混ぜる。

6 型に流し、冷蔵庫で5時間以上冷やし固める。

[仕上げる]

7 桃の皮をむき、一口大に切り、レモン汁に浸す。

種に沿ってナイフで一周切り込みを入れ、ハサミで種を抜き出します。レモン汁は変色防止。

8 Cを絞り、桃を飾る。

中央を高く盛るときれいです！

Memo
● 果物はお好みで。タイムをあしらうとおしゃれです。

チョコレートガナッシュクッキー

簡単なのにびっくりするほどおいしい、バズリ度高めのお菓子。
ほろほろのクッキーとなめらかガナッシュの組み合わせが絶妙。
バレンタインなど、贈り物にもぴったり。

材料 （9個分）

[クッキー生地]

A
- バター… 140g
- グラニュー糖… 110g
- 卵… 1個

B
- 薄力粉… 210g
- ベーキングパウダー… 7g

ココアパウダー… 45g

[ガナッシュ]
チョコレート（カカオ60％）… 80g
生クリーム… 80g

[仕上げ]
ココナッツパウダー… 適量

下準備

- バターは溶かす。
- 卵は溶きほぐす。
- Bは合わせてふるう。
- 天板にクッキングシートを敷く。
- オーブンを180℃に予熱する。

作り方

[クッキー生地を作る]

1 ボウルにAを順番に入れ、その都度混ぜる。

2 B、ココアパウダーの順に加えてその都度さっくりと混ぜる。

3 ラップで包み、冷蔵庫で1時間休ませる。

このひと手間でちゃんと膨らみます。

4 9等分のボール状にし、180℃のオーブンで15分焼く。

5 熱いうちに中央を直径2cmほどくぼませる。

すぐにスプーンでくぼませます。冷めると固くなるので注意。

[ガナッシュを作る]

6 チョコレートを湯煎で半分ほど溶かす。ふつふつするまで沸かした生クリームを加え、中心からゆっくり優しく混ぜる。

色味と甘さのバランスが良いカカオ60％かブラックチョコレートがおすすめ。

[仕上げる]

7 ガナッシュを5のくぼみに絞り、ココナッツパウダーをのせる。

Memo

- ココアパウダーの代わりに抹茶粉30gを使うと抹茶フレーバーに。
- ガナッシュの材料をホワイトチョコレート120g、生クリーム80gにしても。ホワイトチョコは固まりにくいので少し冷めてから絞ります。

クッキーシュー

ザクザク食感の香ばしいシュー生地の中にとろりと甘いクリームをたっぷりと。
工程はちょっと多めですが、コツさえ守れば失敗しません！

材料 （9個分）

[クッキー生地]
A ［ バター… 40g
　 グラニュー糖… 40g
薄力粉… 40g
[ディプロマットクリーム]
カスタードクリーム… 200g
生クリーム… 200g

[シュー生地]
B ［ 牛乳… 50g
　 水… 50g
　 グラニュー糖… 3g
　 バター… 45g
　 塩… 1g
薄力粉… 60g
卵… 2個
[仕上げ]
粉糖…適量

下準備

● バターは常温に戻す。
● クッキー生地の薄力粉はふるう。
● カスタードクリームを用意する（P.32参照）。
● 生クリームは8分立てにする。
● 卵は溶きほぐす。
● 天板にクッキングシートを敷く。
● オーブンを180℃に予熱する。

作り方

[クッキー生地を作る]

1 Aをゴムベラで練り混ぜ、薄力粉を加え、さっくりと混ぜる。

2 5mm厚に伸ばし、冷蔵庫で1時間休ませる。直径6cmの丸型で抜く。

ラップをして冷蔵庫へ。これでサクサクの焼き上がりに！

[ディプロマットクリームを作る]

3 カスタードクリームとホイップクリームを混ぜ合わせる。

[シュー生地を作る]

4 Bを中火にかけ、沸騰したら火を止める。薄力粉を加え、混ぜる。

5 再び中火にかけ、混ぜながらマッシュ状にする。

やりすぎると分離するので、1分ほどを目安に。

6 ボウルに移し、溶いた卵を少しずつ加え、その都度しっかり混ぜる。

ヘラを持ち上げて三角状にもったりと垂れる状態になったら、卵が余っていてもストップ。

7 天板に直径6cm大に絞る。クッキー生地をのせ、180℃のオーブンで25分、その後160℃で20分焼く。

焼いている間はオーブンを開けないで。しぼむ原因になります。

[仕上げる]

8 粗熱が取れたら底に穴を開け、ディプロマットクリームを絞り入れ、粉糖をかける。

箸などで穴を開けておきます。

生ドーナツ

オーブン
不要

外はジュワッ、中はふわふわ！ たくさんの人が作ってくれた大人気スイーツです。
何度も失敗してやっと完成したレシピ、最高においしいので絶対試してほしい！

材料 （2種類×3個分）

[ドーナツ生地]

A
- 強力粉… 140g
- 薄力粉… 60g
- グラニュー糖… 10g
- 塩… 1g

ドライイースト… 3g
卵… 1個
牛乳… 90g

バター… 20g
サラダ油… 適量

[カスタード用仕上げ]

きび砂糖… 適量

B
- カスタードクリーム
  … 50g
- 生クリーム… 50g

[リング用仕上げ]

C
- 粉糖… 30g
- 水… 10g

くるみ… 適量

下準備

- ● バターは常温に戻す。
- ● 卵は溶きほぐす。
- ● カスタードクリームを用意する (p.32参照)。生クリームを8分立てにし、カスタードクリームと混ぜる。
- ● Cは混ぜ溶かす。

☑
□
□
□
□
□

作り方

[ドーナツ生地を作る]

1 大きめのボウルに**A**を入れて混ぜ、ドライイーストを加える。溶いた卵、牛乳も加え、ゴムベラで練り混ぜる。

2 まとまってきたら粘りが出るまで手でこねる。

3 台にのせ、生地で包むようにしてバターを加える。ツヤが出るまで練る。

> 粘り付くのでカードを使うとラク。100円ショップなどにあります！

4 打ち粉 (強力粉・分量外) をして、ベタつきがなくなり、まとまるまで何度も叩き付ける。

> 表面がサラサラになって、ハリが出るまで。

5 サラダ油 (分量外) を塗ったボウルに生地を入れ、電子レンジの発酵機能で35℃60分、一次発酵させる。

> 発酵機能がない場合、暖かい窓辺などに3時間置いてください。

6 ガス抜きをする。

> 生地全体を押さえます。

7 6等分して丸める。

> ふんわり持って、優しく転がします。

8 カスタード用3個、リング用3個に成形する。

> 揚げて膨らむとふさがるので穴は大きめに。

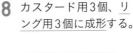

9 ドーナツ大にカットしたクッキングシートにのせ、電子レンジの発酵機能で35℃30分、二次発酵させる。

> 発酵機能がない場合、**5**と同じように1〜2時間置いてください。

10 クッキングシートにのせたまま170℃のサラダ油で両面がきつね色になるまで揚げる。

> 油はたっぷりめに。クッキングシートは自然にはがれます。

[仕上げる]

11 カスタードドーナツは熱いうちに両面にきび砂糖をまぶす。粗熱が取れたら穴を開け、**B**を絞り入れる。

> 側面から箸などを差し込み、動かして中を空洞にします。

12 リングドーナツの粗熱が取れたら**C**を片面に付け、くるみを散らして乾かす。

苺とピスタチオのホールタルト

材料3つだけでタルト生地ができるので、何度もリピしたくなるレシピ。
タルト生地の作り方さえ覚えれば、好きなフルーツでアレンジできるのが楽しい！

材料 （直径18cmのタルト型1台分）

[タルト生地]
バター … 50g
グラニュー糖 … 50g
薄力粉 … 80g

[仕上げ]
A ┌ 生クリーム … 200g
　└ グラニュー糖 … 25g
ピスタチオペースト … 15g
苺 … 1パック

B ┌ 粉ゼラチン … 4g
　└ 水 … 50g
ピスタチオ … 適量
ローストアーモンドスライス
　… 適量
粉糖 … 適量

下準備

● バターは常温に戻す。
● Aは6分立てにする。
● 苺はヘタを取り、1個は細かめに、
　残りは縦半分にカットする。
● Bを合わせ、冷蔵庫に入れておく。
● 型にバター（分量外）を薄く塗る。
● オーブンを170℃に予熱する。

作り方

[タルト生地を作る]

1 バターをゴムベラで練って柔らかくし、グラニュー糖を加えてすり混ぜる。

2 薄力粉を加えてさっくりと混ぜ、生地になじんできたら手で練る。まとまったらラップで包み、冷蔵庫で3時間休ませる。

これくらいになったら手で練ります。

3 5mm厚に伸ばし、型に敷き込む。底にフォークで穴を開ける。

なるべく触らないように。生地を麺棒に巻いて型にのせ、それからしっかり敷き込みます。

4 170℃のオーブンで20分焼く。

[仕上げる]

5 Aにピスタチオペーストを加えて混ぜ、粗熱を取ったタルト生地に絞る。

6 苺をバランスよく並べ、Bを電子レンジで溶かし、ハケで塗る。

省いてもいいですが、ツヤが出て断然プロっぽくなるのでおすすめ！「ナパージュ」という手法です。

7 砕いたピスタチオ、ローストアーモンドスライス、粉糖を飾る。

Memo
● 桃やマスカットなど、季節のフルーツで楽しんでください。

ショコラテリーヌ

圧倒的な口溶けに感動！　テリーヌのトロッとした感じを出したくて
何度も改良した自信作。材料5つだけという手軽さもうれしい。

材料 （18×8cmのパウンド型1台分）

A ［ 製菓用チョコレート … 200g
　　バター … 120g
グラニュー糖 … 40g
卵 (L) … 3個
生クリーム … 70g

下準備

● バターは常温に戻す。
● 卵は溶きほぐす。
● 型にクッキングシートを敷く。
● オーブンを180℃に予熱する。

作り方

1 ボウルに**A**を入れ、電子レンジで1分ずつ様子
を見ながら加熱する。半分ほど溶けたら湯煎に
かけながらグラニュー糖を加え、混ぜ溶かす。

2 溶いた卵を3〜4回に分けて加え、その都度し
っかり混ぜる。

3 生クリームを加え、混ぜる。

4 型に流し、バットに置く。バットに深さ2cm
ほど熱湯を注ぎ、180℃のオーブンで20分湯
煎焼きする。

　湯が少ないと生焼けに、多いと焼けすぎに。焼
き上がりは型を揺らして表面がブレなければ
OK。まだトロトロなら、アルミホイルをかぶ
せて150℃でさらに9分焼いてください。

5 粗熱が取れたら冷蔵庫で8時間以上冷やす。

Memo
● ぜひ製菓用のチョコレートを使ってく
　ださい。仕上がりの軽さやなめらか
　さが全然違います！

カスタードは作り置きがおすすめ

カスタードクリームって、少量だと作るのが難しい。ダマになってしまったり、
混ぜすぎで粘りが出てしまったり……。そこで私の経験上一番やりやすく、
失敗しづらい分量と作り方を紹介。P.24のクッキーシューにはこの量の半分程度、
P.26の生ドーナツには⅛量を使います。お菓子作り以外にも、パンやビスケットに付けるのも至福！

材料 （約400g分）

牛乳… 300g
卵黄… 2個分
グラニュー糖… 50g
薄力粉（ふるっておく）… 20g
バター… 20g

作り方

1 牛乳を弱火でふつふつするまで沸かす。

2 ボウルに卵黄、グラニュー糖を入れ、なめらかになるまで泡立て器で混ぜる。

3 薄力粉を加え、混ぜ合わせる。粉っぽさが消えたら混ぜるのをやめる。

4 1を加え、全体になじむまでよく混ぜる。

5 4を鍋に戻し、鍋底からこそげるようにゴムベラで混ぜながら強めの中火にかける。ボコボコと20秒ほど沸いたら火を止める。

6 バターを加えて混ぜ溶かし、バットに流す。

7 クリームに密着するようにラップをし、バットの下とラップの上に保冷剤を置き、急冷する。

余ったときの保存方法

日持ちは冷蔵で2〜3日程度。使い切れない場合はラップで包み、保存袋に入れて冷凍すれば1カ月程度はおいしく食べられます！ 使うときは冷蔵庫に移して1日かけて解凍してください。

Part

2

カフェみたいなチーズケーキ

あこがれのお店で味わうような、絶品チーズケーキが食べたい！
職場でもプライベートでも数え切れないほどチーズケーキを焼いてきた私が、
おいしさとかわいさを両方満たす、手軽なレシピを考え抜きました。
バスク、ベイクド、レア……いろんなバリエをぜひ楽しんでみて。

バスクチーズケーキ
韓国風仕上げ さつまいも

韓国カフェみたいなデコレーションが最高にかわいい、さつまいものバスクチーズケーキ。
アレンジのかぼちゃ、チョコレートバージョンも大好評！

材料 （直径15cmの丸型1台分）

[さつまいもペースト]
さつまいも…正味400g
グラニュー糖…15g
バター…10g

[チーズケーキ生地]
クリームチーズ…200g
グラニュー糖…100g
コーンスターチ…10g
卵…3個
生クリーム…200g

[仕上げ]
A 生クリーム…120g
　 グラニュー糖…12g
さつまいも（皮付き）
　…約1cmの輪切り1枚
黒ごま…適量

下準備

● ペースト用のさつまいもは約1cmの輪切りにする。仕上げ用とともに30分水に浸す。
● バターは常温に戻す。
● クリームチーズは常温に戻す。
● 卵は溶きほぐす。
● クッキングシートを湿らせ、クシャクシャとしわを寄せてから伸ばし、型に敷く。
● オーブンを230℃に予熱する。
● Aは8分立てにする。

作り方

[さつまいもペーストを作る]

1 さつまいもを7〜8分茹でる。仕上げ用も一緒に茹で、取り分けておく。

> 竹串がスッと刺さればOKです。

2 温かいうちにつぶし、グラニュー糖とバターを加え、よく混ぜる。

> 木ベラやマッシャーでつぶします。フードチョッパーを使えば早くてラクチン！

3 半量を型に敷き詰める。半量はチーズケーキの生地用に取っておく。

グラスの底を使って平らに敷き詰めると断面がきれい。

Memo
● 4〜6は泡立て器やハンドミキサー、フードプロセッサーを使ってもOK！

[チーズケーキ生地を作る]

4 クリームチーズをゴムベラでなめらかになるまで練る。

5 グラニュー糖、コーンスターチの順に加え、よく練る。

6 溶いた卵を5〜6回に分けて加え、その都度しっかり混ぜる。

7 生クリームとさつまいもペーストを加えてよく混ぜる。

8 裏ごしして型に流し、生地の空気を抜く。

9 230℃のオーブンで23分焼く。

10 粗熱を取り、冷蔵庫で8時間冷やす。

[仕上げる]

11 Aを絞り、黒ごま、適当な大きさにカットした皮付きさつまいもを飾る。

Arrange

バスクチーズケーキ
韓国風仕上げ
かぼちゃ

材料 （直径15cmの丸型1台分）

[かぼちゃペースト]
かぼちゃ…正味180g
生クリーム…20g
[チーズケーキ生地]
クリームチーズ…300g
グラニュー糖…100g
コーンスターチ…10g
卵…2個
生クリーム…200g
かぼちゃ（皮付き・一口大）…16個
[仕上げ]
A 生クリーム…120g
　 グラニュー糖…12g
かぼちゃ（皮付き）…1切れ

下準備

● さつまいも（P.35）と同様。ただし、ペースト用の下準備は除く。
● ペースト用のかぼちゃは一口大にカットする。

作り方

竹串がスッと刺されば
OKです。

[かぼちゃペーストを作る]

1 かぼちゃを7〜8分茹でる。皮付きのかぼちゃも一緒に茹で、取り分けておく。

2 温かいうちにつぶし、生クリームを加えて混ぜ、裏ごしする。

木ベラやマッシャーでつぶします。フードチョッパーを使えば簡単！

[チーズケーキ生地を作る]

3 さつまいも（P.35）の4〜6と同様。

4 生クリームと2を加えてよく混ぜる。

かぼちゃの位置に印を付けておくと、カットするときに断面を見せられます。

5 型に流して空気を抜き、皮付きかぼちゃを入れる。

6 230℃のオーブンで23分焼く。

7 粗熱を取り、冷蔵庫で8時間冷やす。

[仕上げる]

8 Aを絞り、適当な大きさにカットした皮付きかぼちゃを飾る。

Arrange

バスクチーズケーキ
韓国風仕上げ
チョコレート

☐ ☑ ☐ ☐ ☐ ☐

Part 2 / カフェみたいなチーズケーキ

材料 （直径15cmの丸型1台分）

[チーズケーキ生地]
クリームチーズ… 300g
グラニュー糖… 80g
コーンスターチ… 5g
卵… 3個
チョコレート… 100g
生クリーム… 200g

[仕上げ]
A [生クリーム… 120g
　 グラニュー糖… 12g
ココアパウダー… 適量
チョコレート… 適量

下準備

● さつまいも（P.35）と同様。ただし、オーブンの予熱は220℃にし、ペースト用の下準備は除く。
● チーズケーキ生地用のチョコレートは湯煎で溶かす。
● 仕上げ用のチョコレートは刻む。

作り方

[チーズケーキ生地を作る]

1 さつまいも（P.35）の**4〜6**と同様。

2 溶かしたチョコレート、生クリームの順に加え、その都度よく混ぜる。

3 型に流し、生地の空気を抜く。

4 220℃のオーブンで23分焼く。

5 粗熱を取り、冷蔵庫で8時間冷やす。

> チョコレートは焦げやすいので、設定できれば予熱は210℃にして、焼くときに220℃にするとよりきれいな焼き上がりに！

[仕上げる]

6 **A**を絞り、ココアパウダー、刻んだチョコレートを飾る。

オーブン
不要

ロータスレアチーズケーキ

シナモン香るロータスビスケットをトッピング。
チーズケーキ生地にも混ぜたら、ときどきほんのりした塩味がして、
いっそうおいしくなりました。見た目のかわいさも人気です。

材料 （18×8㎝のパウンド型1台分）

[ボトム生地]
ロータスビスケット… 16枚
バター… 10g
[チーズケーキ生地]
クリームチーズ… 130g
グラニュー糖… 35g
ヨーグルト… 150g
A ┌ 粉ゼラチン… 8g
  └ 水… 80g
生クリーム… 150g
[仕上げ]
ロータスビスケット… 5枚

下準備

● バターは溶かす。
● クリームチーズは常温に戻す。
● Aを合わせ、冷蔵庫に入れておく。
● 型にクッキングシートを敷く。

作り方

[ボトム生地を作る]

1 ビスケットを細かく砕き、溶かしたバターを加えてもみ込む。生地用に少し残し、型に敷き詰め、冷蔵庫で冷やす。

ザクザク感が好みなら粗めに、しっとり系が好きなら細かめに。厚手のポリ袋に入れて砕くと簡単です。型に敷くときは角もしっかり押さえるときれいに仕上がります。

[チーズケーキ生地を作る]

2 クリームチーズをゴムベラでなめらかになるまで練り、グラニュー糖を加えて混ぜる。

3 ヨーグルト、電子レンジで温めて溶かしたA、生クリーム、1で残したボトム生地を順に加え、その都度泡立て器で混ぜる。

4 型に流し、冷蔵庫で1時間冷やす。

[仕上げる]

5 ビスケットをのせ、さらに4時間以上冷やし固める。

少し固めてからのせるので沈みません。

ベイクドチーズケーキ

誰からも愛されるオーソドックスなベイクドチーズケーキを、
作りやすい分量のレシピにしました。
贈り物にもちょうどいい、小ぶりなサイズです。

材料（直径12cmの丸型1台分）

[ボトム生地]
ビスケット… 6枚（54g）
バター… 10g
[チーズケーキ生地]
クリームチーズ… 200g
グラニュー糖… 100g
薄力粉… 20g
卵… 1個
生クリーム… 100g
レモン汁… 20g

下準備

● バターは溶かす。
● クリームチーズは常温に戻す。
● 卵は溶きほぐす。
● 型にクッキングシートを敷く。
● オーブンは170℃に予熱する。

作り方

[ボトム生地を作る]

1 ビスケットを細かく砕き、溶かしたバターを加えてもみ込む。型に敷き詰める。

厚手のポリ袋に入れて砕くと簡単です。

[チーズケーキ生地を作る]

2 クリームチーズをゴムベラでなめらかになるまで練る。グラニュー糖を加え、すり混ぜる。

3 薄力粉を加え、粉っぽさがなくなるまで混ぜる。

4 溶いた卵を2〜3回に分けて加え、その都度しっかり混ぜる。

5 生クリーム、レモン汁を加え、その都度混ぜる。

6 型に流し、生地の空気を抜く。

7 170℃のオーブンで30分焼く。

焼き色が薄い場合、きつね色になるまで焼き時間を追加してください。

8 粗熱が取れたら、冷蔵庫で4時間以上冷やす。

Memo
● 2〜5の工程はフードプロセッサーで一気にできます！

ホワイトバニラチーズ
テリーヌ

ホワイトチョコとクリームチーズは相思相愛、最高の組み合わせ。
上級者っぽい仕上がりですが、実は簡単なステップで作れる嬉しいスイーツなのです。

材料 （18×8cmのパウンド型1台分）

クリームチーズ… 200g
グラニュー糖… 80g
ヨーグルト… 100g
コーンスターチ… 20g
卵… 2個
生クリーム… 150g
バニラペースト… 6g
ホワイトチョコレート… 100g

下準備

● クリームチーズは常温に戻す。
● 卵は溶きほぐす。
● 型にクッキングシートを敷く。
● オーブンは180℃に予熱する。

作り方

1 クリームチーズをゴムベラでなめらかになるまで練る。グラニュー糖を加え、すり混ぜる。

2 ヨーグルト、コーンスターチの順に加え、その都度泡立て器でよく混ぜる。

3 溶いた卵を3回に分けて加え、その都度しっかり混ぜる。

4 生クリーム、バニラペーストをふつふつするまで沸かし、火を止める。ホワイトチョコレートを加え、混ぜ溶かす。3に加え、混ぜる。

5 型に流し、生地の空気を抜く。

6 型をバットに置く。バットに深さ2cmほど熱湯を注ぎ、180℃のオーブンで20分、その後160℃で20分湯煎焼きにする。

熱湯が少ないと生焼けに、多いと焼きすぎてしまうので2cmを目安に。焼いてみて生地が液体っぽく揺れるなら焼き足りない証拠。焼き時間を追加してください。

7 粗熱が取れたら、冷蔵庫で5時間冷やす。

Memo

● バニラペーストの代わりにバニラオイル10滴でもOK！
● できたてはスフレチーズケーキ風の食感。これはこれでおいしいです。

ドゥーブルフロマージュショコラ

ドゥーブルとはダブルという意味のフランス語。名前のとおり、濃厚なベイクドと
なめらかなレアを重ねた贅沢スイーツ。カットしたときの美しい断面が、目にも幸せ。

材料 （直径15cm丸型1台分）

ココア味スポンジ5号
　（市販・2枚スライス）… 1個
[ベイクドチーズケーキ生地]
クリームチーズ… 100g
A ┌ マスカルポーネチーズ
　│　… 100g
　└ グラニュー糖… 40g
卵… 1個
生クリーム… 70g
薄力粉… 10g

[レアチーズケーキ生地]
B ┌ マスカルポーネチーズ
　│　… 100g
　└ グラニュー糖… 20g
C ┌ 粉ゼラチン… 2g
　└ 水… 20g
生クリーム… 100g
チョコレート… 50g
[仕上げ]
牛乳… 50g

下準備

● スポンジ1枚は
　型の底に敷く。

スポンジは2枚で1組
になっているものだと
スライスの手間が省け
ます。1枚タイプなら
半分にスライスします。

● もう1枚のスポンジは粉々に崩す。
● クリームチーズは常温に戻す。
● 卵は溶きほぐす。
● 薄力粉はふるう。
● オーブンを170℃に予熱する。
● Cを合わせ、冷蔵庫に入れておく。
● チョコレートは湯煎で溶かす。

作り方

[ベイクドチーズケーキ生地を作る]

1 クリームチーズをゴムベラでなめらかになるま
　で練る。Aを加え、混ぜる。

2 溶いた卵を2〜3回に分けて加え、その都度し
　っかり混ぜる。

3 生クリームを加え、混ぜる。薄力粉も加え、粉
　っぽさがなくなるまで混ぜる。

4 型に流し、生地の空気を抜く。

5 170℃のオーブンで25分焼く。

6 粗熱が取れたら、型のまま冷蔵庫で3時間以上
　冷やす。

[レアチーズケーキ生地を作る]

7 ボウルにBを入れ、練り混ぜる。

8 電子レンジで温めて溶かしたC、生クリーム、
　溶かしたチョコレートを順に加え、その都度混
　ぜる。

9 6の上に流し、生地の空気を抜き、冷蔵庫で8
　時間冷やし固める。

[仕上げる]

10 レアチーズケーキの上
　に牛乳をハケなどで塗
　り伸ばし、粉々にした
　スポンジを敷き詰める。

ムラなく牛乳を伸ばすことで
仕上がりがきれいになります。

Memo
● 1〜3と7〜8の工程はフードプロ
　セッサーを使えば、簡単で早いです！

おうちカフェ気分のドリンク

手作りのお菓子と一緒に味わいたい飲み物たち。カフェみたいなラテアートが
おうちで再現できたらテンション上がるし、写真映えもして最高ですよね。
失敗しても混ぜてしまえばおいしいカプチーノなので、気負わずに挑戦してみて！
ほかにもインスタントコーヒーで手軽にできる、おうちカフェ気分の簡単ドリンクを紹介。

２層の冷たいドリンク

材料

牛乳…150g
インスタントコーヒー…2g
熱湯…30g
氷…適量

作り方

1 グラスの8分目ぐらいまで氷を入れ、牛乳を注ぐ。

2 インスタントコーヒーを熱湯に入れて溶かし、氷の上にのせるようにそっと注ぐ。

Memo

● インスタントコーヒーを下記材料に変えると、抹茶ラテ、ほうじ茶ラテになります。ガムシロップは牛乳と一緒に注いでください。
抹茶粉またはほうじ茶パウダー…6g
ガムシロップ…1個（10〜13g程度）

ハートのラテアート

材料

エスプレッソコーヒー…適量
牛乳…180〜200g

作り方

1 エスプレッソコーヒーをいれ、口が広めのカップに注ぐ。

2 牛乳をミルクピッチャーに入れ、フォームドミルク（熱く、泡立った状態）にする。
※エスプレッソマシンで作るフォームドミルクがラテアート向き。ミルクピッチャーは注ぎ口が尖っているものがおすすめです。

3 エスプレッソコーヒーが入ったカップを手前に傾け、ミルクを高い位置から円を描くように注ぐ。

4 だんだんピッチャーをカップに近づけ、カップを水平に戻しながらミルクの泡を丸く浮かべる。

5 最後にピッチャーの注ぎ口を奥に向かって動かし、中心線を描けば、ハート型に！

Part
3
定番の焼き菓子

クッキーやスコーン、フィナンシェなど、誰からも愛される永遠の定番。
少ない材料で思い立ったときにさっと作れて、普段のおやつとしてはもちろん、
ちょっとした手土産にしても喜ばれます。

ディアマンクッキー

サクサク、ほろほろでみんな大好きな定番クッキー。
ベースの生地を作っておけば自在に味変も可能。
同時に抹茶、ココア、アールグレイの3種類作れるレシピです。

材料 （3種類×10個分）

[クッキー生地]
A
- バター… 280g
- 粉糖… 130g
- 卵黄… 2個分

B
- 塩… 3g
- 強力粉… 370g

グラニュー糖…適量

[フレーバー]
抹茶粉… 10g
ココアパウダー… 10g
紅茶葉（アールグレイ）… 4g

下準備

- バターは常温に戻す。
- 強力粉はふるう。
- 天板にクッキングシートを敷く。
- オーブンを170℃に予熱する。

作り方

1 **A**を白っぽくなるまでゴムベラで混ぜる。

フードプロセッサーを使ってもOK。

2 **B**を順に加えて切るように混ぜ、粉っぽさがなくなるまで練ったら生地を3等分にする。それぞれ抹茶粉、ココアパウダー、紅茶葉を加え、混ぜる。

3 生地をラップで包み、冷蔵庫で2時間休ませる。

4 直径3cmの棒状に成形し、ラップで包んで冷蔵庫で2〜3時間休ませる。

休ませることでサクサクの食感に。大事なステップです！

5 表面を水で湿らせ、グラニュー糖をまぶし付ける。10等分に切り、天板に並べる。

バットなどにグラニュー糖を敷いて転がします。生地が温まると切りにくくなるのでスピーディに！

6 170℃のオーブンで15〜20分焼く。

Memo

- 作りやすい量のレシピです。1種類だけ作る場合は抹茶粉、ココアパウダー、紅茶葉のいずれかを3倍量入れます。
- 余った生地はラップをし、保存袋に入れて冷凍すれば約1カ月保存可能。使うときは冷蔵庫で解凍して。
- 紅茶葉はティーバッグの中の茶葉が細かく、使いやすいです。好みの紅茶葉でOK！

スコーン

至福すぎる焼き立てを味わえるのが、手作りの醍醐味。
おやつにはもちろん、朝食などどんなシーンでも。
好きな飲み物と一緒に、おうちカフェを楽しんでみて。

材料 （直径6cmの丸型8個分）

A
薄力粉… 300g
ベーキングパウダー… 13g
塩… 4g
グラニュー糖… 40g
バター… 80g
牛乳… 120ml
卵… 2個

下準備

● 材料はすべて冷蔵庫に入れて冷やしておく。
● 薄力粉、ベーキングパウダー、塩をふるい、グラニュー糖と合わせる。
● バターは細かく刻んでおく。
● 卵は溶きほぐす。
● 天板にクッキングシートを敷く。
● オーブンを190℃に予熱する。

作り方

1 Aとバターを手のひらですり混ぜながらバターをパラパラの粉状にする。

「サブラージュ」という混ぜ方です。手の熱でバターが溶けるときは手を冷やしながら作業してください。

2 牛乳を少しずつ加えて、粉っぽさがなくなるまでさっくりと混ぜる。

カードを使うと便利です。

3 溶いた卵を少しずつ加え、その都度しっかり混ぜ、生地をまとめる。

4 生地を5回だけ手で練る。

6回以上練るとスコーン特有の「割れ」ができにくくなるのでやりすぎ注意。

5 ラップで包み、冷蔵庫で2時間休ませる。

6 台の上に出し、半分に折り込み、上から押さえる。生地を90度回転させてさらに半分に折り込み、上から押さえる。これを5回繰り返す。

こねずに折り込んで押さえるだけ。こねると固いスコーンになってしまいます。

7 2cm厚に伸ばし、直径6cmの丸型で抜く。

8 天板にのせ、表面に牛乳（分量外）を塗る。

9 190℃のオーブンで35分焼く。

Memo
● 1〜3はフードプロセッサーを使えば、早くてラクチンです。
● バターやあんこ、クリーム、ジャムなど好きなものを添えて楽しんで。

スクエアパウンド

コロンとした形が特徴の、キューブ型パウンドケーキ。
プレーンのままと、レモンシロップのトッピング、2種類作りました。
簡単トッピングで一段とかわいくなります！

材料（5×5cmのスクエア型8個分）

[パウンド生地]

A［ バター… 300g
　 グラニュー糖… 300g

卵… 6個

B［ 薄力粉… 300g
　 ベーキングパウダー… 6g

[仕上げ]

C［ レモン汁… 6g
　 粉糖… 30g

レモンの皮… 適量

下準備

● バターは常温に戻す。
● 卵は溶きほぐす。
● Bは合わせてふるう。
● Cは混ぜ溶かす。
● オーブンを170℃に予熱する。

作り方

[パウンド生地を作る]

1 Aを白っぽくなるまで
ゴムベラで混ぜる。

> バターは十分に柔らかくしておきます。固いとうまく混ざらず、生地にムラができる原因に。

2 溶いた卵を3〜4回に分けて加え、その都度しっかり混ぜる。

> ヘラで持ち上げた生地がするっと落ちれば混ぜ上がり。

3 Bを加え、さっくりと混ぜ合わせる。

4 型の4〜5分目まで生地を流し、170℃のオーブンで35分焼く。10分経った段階でそれぞれの表面に1本線を入れる。

> 絞り袋を使うと便利ですが、スプーンでもOK。生地に線を入れるときれいに割れます。包丁や箸で浅く切るように入れてください。

[仕上げる]

5 熱いうちに型から取り出し、4個はCに上部を浸し、削ったレモンの皮を飾る。

> 火傷しないように軍手を使って。

Memo

● レモンの皮の代わりに、砂糖漬けレモンやドライレモンでも◎。
● シリコン製の型を使いました。金属製の型の場合は、内側にバターを塗ってください。
● スクエアのパウンド型がない場合は18×8cmのパウンド型でも作れます。

バナナパウンドケーキ

市販のホットケーキミックスと材料をぐるぐる混ぜるだけ。
バターやアーモンドプードルを使わないのに
あまりにもおいしくてびっくりした、素朴でシンプルなケーキです。

材料 (18×8㎝のパウンド型1台分)

バナナ (大)… 2本
A
　卵… 1個
　グラニュー糖… 30g
　サラダ油… 60g
　ホットケーキミックス… 200g

下準備

● 卵は溶きほぐす。
● 型にクッキングシートを敷く。
● オーブンを170℃に予熱する。

作り方

1 バナナをもみつぶす。

粗めにつぶせば食感が残り、しっかりつぶせばなめらかな生地に。厚手のポリ袋に入れてつぶすとラクです。

2 ボウルに**A**を順番に入れ、その都度よく混ぜる。

3 **1**を加え、よく混ぜる。

4 型に流し、両端が厚くなるようにゴムベラで反り上げる。

中央をふっくら膨らませるワザです。

5 170℃のオーブンで10分焼く。生地の表面に浅く切り目を入れ、さらに25分焼く。

包丁や箸で切れ目を入れます。あとは焼き上がるまでオーブンを開けないで。膨らみに影響します。

Memo

● バナナが小ぶりなら3本使ってください。
● バニラアイスとシナモンパウダーを添えたりするとカフェっぽさが増します!

韓国風フィナンシェ

厚みがあり、焼くとこんもり膨らんで割れ目ができるのが韓国風の特徴。
焦がしバターの火入れ具合を工夫して、軽く、香ばしく焼き上げました。

材料 (7×4×2cmのシャンテーヌ型10個分)

バター… 100g
卵白… 90g（約2個分）

A ┌ グラニュー糖… 80g
　└ はちみつ… 15g

B ┌ 薄力粉… 50g
　└ アーモンドプードル… 45g

下準備

● 型にバター（分量外）を塗る。
● オーブンを180℃に予熱する。

作り方

1 バターを中火にかけ、混ぜながらヘーゼルナッツ色の焦がしバターを作る。

この色になってきたらぬれ布巾などの上に鍋を置き、温度が上がるのを止めます。余熱で火が入るので目指す色の手前で火から下ろすのがコツ。

2 ボウルに卵白を入れて軽く泡立て、Aを加え、ひと混ぜする。

仕上がりに影響するので90g分をきちんと計量して。

3 Bを加え、よく混ぜる

4 焦がしバターを50℃まで冷ましてから加え、よく混ぜる。

50℃まで冷ましてから加えると失敗しません。熱々のまま加えると膨らまないので注意。

5 生地にラップを密着させ、冷蔵庫で1時間以上休ませる。

休ませることで表面がきれいに割れます。

6 型に流し、180℃のオーブンで15分焼く。

Memo

● シャンテーヌ型はしっかりした厚みが特徴。フィナンシェ型を使った場合、割れ目はできませんが、しっとりおいしく焼き上がります。

マドレーヌ

バターの香りがたまらない、しっとりふわふわのマドレーヌ。
材料を順に混ぜるだけでおいしく仕上がる、基本のレシピです。
1つの生地からプレーン、ココア、抹茶の3フレーバーが作れます！

材料 （7×4cmのマドレーヌ型3種類×6個分）

[生地]
A 卵 (L) … 2個
  グラニュー糖… 120g
B 薄力粉… 120g
  ベーキングパウダー… 3g
バター… 120g
[フレーバー]
ココアパウダー… 3g
抹茶粉… 3g

下準備

● バターは溶かす。
● 型にバター (分量外) をたっぷりめに塗る。
● オーブンを190℃に予熱する。

作り方

1 Aを混ぜ合わせる。

2 別のボウルにBを入れ、1を2〜3回に分けて加え、その都度泡立て器で混ぜる。

3 溶かしたバターを加えて混ぜ、生地がなめらかになったら3等分する。

4 1つにココアパウダー、もう1つに抹茶粉をそれぞれ加え、よく混ぜる。

> 3等分した1つの生地は何も加えません (プレーン)。

5 生地にラップを密着させ、冷蔵庫で1時間以上休ませる。

> 必ず1時間以上休ませて。この工程がきちんと膨らますための大事なステップ！

6 型の8分目まで生地を入れ、190℃のオーブンで10〜13分焼く。

> 絞り袋を使うと便利ですが、スプーンでもOK。焼いた時にあふれないよう、やや控えめに。

Memo

● 1種類だけ作りたい場合は、ココアパウダーまたは抹茶粉を3倍量入れます。プレーンはそのままで。
● はみ出たマドレーヌの端は、キッチンバサミでカットするときれいになりますよ。

さりげないポイントで
普段のおやつが格上げ

市販のホットケーキミックスを使ったパンケーキも、ポイントを押さえるだけで
味も見た目もランクアップ。ふっくら、しっとり、お店みたいな味わいの秘密を伝授。

喫茶店みたいなパンケーキ

材料も作り方も、ホットケーキミックスの箱や外袋に書いてある通りでOK。
どのメーカーのものでも大丈夫。ただし、きれいに仕上げる共通のコツがあります！

下準備のとき

● フッ素樹脂加工（テフロン加工）のフ
　ライパンを使う
● 油を敷かない
● フライパンを加熱したら、生地を流
　す直前に、ぬれ布巾の上に一瞬置く
　これで焼きムラがなくなります。

生地を流すとき

● 高めの位置から生地を流す
　そうすると、生地が自然に丸い形に広がります。

焼くとき

● プツプツと気泡ができてきたらすぐにひっくり返す
● 返すとき、生地を叩きつけるように勢いよく！

これらのポイントをしっかり守ってもらえたら、お店のパンケー
キみたいにふっくら膨らみますよ。ぜひ試してみてください！

Part
4

あこがれのお菓子

カヌレやモンブラン、ロールケーキなど、
映えるけれどなんだかハードルが高そう……そんなスイーツも、
心配しなくて大丈夫。失敗なしでおいしくできるコツを盛り込みました。
記念日や、誰かをおもてなししたいときにもぴったりです。

カヌレ

私が一番作っているのは、間違いなくカヌレ。
試行錯誤を重ねてたどり着いた、絶対失敗しないレシピです。
「熱くしすぎない」「混ぜすぎない」「ちゃんと休ませる」がポイント！

材料 （直径6cmのカヌレ型8個分）

牛乳… 500g
バター… 30g
バニラペースト… 3g（なくてもOK）
A 薄力粉… 110g
　 グラニュー糖… 250g
卵… 1個
卵黄… 3個分
ラム酒… 50g

下準備

● 卵と卵黄は合わせ、溶きほぐす。
● 型にバター（分量外）を塗る。
● オーブンを210℃に予熱する。

作り方

1 牛乳、バター、バニラペーストを弱火にかけ、混ぜながらバターを溶かす。

2 ボウルにAを入れて混ぜ、40℃まで冷ました1を3回に分けて加え、その都度泡立て器で3〜4回ゆっくり優しく混ぜる。

> バターを冷まさないと膨らんで型からあふれます。また、ダマが残ってもいいので混ぜすぎないこと。

3 溶いた卵を3回に分けて加え、その都度軽く混ぜる。

> 軽く混ぜるので、白身のコシをあらかじめしっかり切っておくことが大事！

4 ラム酒を加え、軽く混ぜる。

5 裏ごしし、生地にラップを密着させ、冷蔵庫で8時間以上休ませる。

> 休ませる時間が短いと生地が爆発します！

6 生地をゴムベラで優しく混ぜ、型の8分目まで流す。

> 生地が分離しないように、型に流す前にもう一度混ぜ合わせて。

7 210℃のオーブンで20分、その後190℃で40分焼く。焼けたら型からすぐに外す。

> 焼いているときはオーブンを開けないで。型から外す時は軍手必須です。外側がカリッとしていたら◎。ふにゃふにゃしていたら5分ほど追加で焼きます。

Arrange ——

カヌレ　紅茶

材料 （直径6㎝のカヌレ型8個分）

牛乳… 500g
紅茶葉… 10g
バター… 30g
A ⌈ 薄力粉… 110g
　 ⌊ グラニュー糖… 250g
卵… 1個
卵黄… 3個分
ラム酒… 50g

下準備

●プレーン（P.63）と同様。

作り方

1 牛乳と紅茶葉を合わせ、ふつふつするまで沸かしたら火を止める。紅茶の色が出たら裏ごしし、そこにバターを加え、余熱で溶かす。

2 プレーン（P.63）の **2〜7** と同様。

Memo ——

◉紅茶葉はお好みのものを。香りの良いアールグレイがおすすめです！

Memo

- プレーン（P.63）をベースに、材料と手順を少し変えるだけでチョコレート味、ほうじ茶味、抹茶味になります。
- チョコレート味は、**1**のバニラペーストの代わりにチョコレート50gを入れます。入れるタイミングは牛乳とバターを温めた後。チョコレートは余熱で溶かします。**2**でココアパウダー10gを**A**と一緒によく混ぜます。チョコレート味は薄力粉を100gにします。
- ほうじ茶味は、**1**でバニラペーストは入れず、**2**でほうじ茶パウダー4gを**A**と一緒によく混ぜます
- 抹茶味は、**1**でバニラペーストは入れず、**2**で抹茶粉4gを**A**と一緒によく混ぜます。

レモンタルト

フランスのパティスリーには必ずあるレモンタルトを、2つのデコレーションで
作りました。かわいい見た目を裏切らない、感動のおいしさをぜひ味わって。

（直径5cmのタルト型7個分）

[タルト生地]

A
- バター… 60g
- 粉糖… 40g
- 卵黄… 1個分

B
- 薄力粉… 100g
- 塩… 2g

[レモンカード（作りやすい分量）]

レモン… 1個
卵… 1個
バター… 100g
グラニュー糖… 70g

[イタリアンメレンゲ（作りやすい分量）]

C
- グラニュー糖 … 60g
- 水… 30g

卵白… 60g
グラニュー糖… 30g

[仕上げ]

レモンスライス… 適量

黄色の部分だけを目の細かいおろし金で削ってください。白いところを混ぜると苦くなります。

下準備

● バターは常温に戻す。
● Bは合わせてふるう。
● レモンの皮を削り、レモン汁を絞る。
● レモンカードの卵は溶きほぐし、裏ごししておく。
● 型にバター（分量外）を塗る。
● オーブンを170℃に予熱する。

□
□
□
☑
□
□

作り方

[タルト生地を作る]

1 Aをすり混ぜる。Bを加え、さっくりと混ぜ、ひとまとめにする。

2 ラップし、冷蔵庫で1時間以上休ませる。

3 打ち粉（薄力粉・分量外）をしながら5mm厚に伸ばし、直径8cmの丸型で抜く。

4 タルト型に敷き込み、170℃のオーブンで15分焼く。

側面は指で押さえて厚みを揃えます。バターが溶けてボロボロになる前に素早く！

5 型から外し、粗熱を取る。

[レモンカードを作る]

6 材料すべてを入れて混ぜながら弱火にかけ、とろみがついたら火を止め、粗熱を取る。裏ごしし、仕上げ用に少し残す。

火にかけ過ぎるとかたまります。とろみがついたらすぐに火を止めて。

7 タルト生地に流し、冷蔵庫で1時間休ませる。

レモンカードは作りやすい分量。余ってもOKです。

[イタリアンメレンゲを作る]

8 Cを118℃になるまで沸かす。

調理用温度計で計って正確に。

9 同時進行で卵白にグラニュー糖30gを3回に分けて加えながら、ハンドミキサーで泡立てる。

10 沸いた8を加えて、ツヤが出て、ツノが立つまで泡立てる。

シロップを入れたら高速のハンドミキサーで一気にツヤツヤに仕上げます。

[仕上げる]

11 10を花びら風に絞り、中央にレモンカードをのせる。または、10で丸を5〜6個絞り、バーナーで炙り、レモンスライスを飾る。

バーナーがない場合は炙らなくてもOKです。

Memo

● 余ったレモンカードはパンやクッキーに塗っても◎。
● イタリアンメレンゲは、クッキングシートを敷いた天板に絞り、100℃のオーブンで75分焼けば、メレンゲクッキーになります。余ったら作ってみて。
● お好みでタイムをあしらっても。

なめらかプリン

卵少なめ、牛乳と生クリーム多めで、とろとろ食感のプリンに仕上げました。
ミルクの優しい風味ととろける舌触りはもう格別。
ふた付き瓶でお店スイーツっぽく！

材料 （直径5cmのプリン瓶3個分）

[カラメル]

A ┌ グラニュー糖…10g
  └ 水…2g
熱湯…3g

[プリン液]

B ┌ 卵…1個
  │ 卵黄…1個分
  └ グラニュー糖…40g

C ┌ 牛乳…100g
  │ 生クリーム(乳脂肪分35%)…50g
  └ バニラペースト…3g(なくてもOK)

下準備

● 卵と卵黄は合わせ、溶きほぐす。

作り方

[カラメルを作る]

1 Aを電子レンジで20秒ずつ様子を見ながら茶色っぽくなるまで加熱する。

2 茶色っぽくなったら熱湯を加えて混ぜる。熱いうちにプリン瓶に均等に流し入れる。

かたまり防止のため、熱いうちに入れます。

[プリン液を作る]

3 Bを泡立て器で混ぜる。

4 Cをふつふつするまで沸かし、3に加えてよく混ぜ、裏ごしする。

5 瓶に流し、鍋に並べ、瓶の高さの8分目まで浸るように冷水を入れる。

必ず冷たい水で。ぬるま湯やお湯だとなめらかに仕上がりません。

6 鍋にフタをせずに中火にかけ、沸騰したらフタをして弱火にし、様子を見ながら10分ほど加熱する。

5分経過後はこまめに様子を見て、表面が揺れなくなった時点で火を止めます。

7 10分経ったら火を止め、鍋のフタを開けて6分置く。

表面が揺れるなら火が通っていません。鍋のフタをした状態でもう一度中火にかけて。

8 粗熱を取り、冷蔵庫で3時間冷やす。

Memo
● 耐熱のカップやココットでも作れます。

モンブランタルト

あこがれのモンブランを、圧倒的に簡単なレシピにしました。難しい手順はないのに
この見た目、このおいしさ！ アレンジのさつまいもとあわせて、それぞれの味わいを楽しんで。

材料 （直径5cmのタルト型6個分）

[クレームダマンド]

A［ バター… 50g
  グラニュー糖… 50g

B［ 卵… 1個
  アーモンドプードル… 50g
  ラム酒… 10g（お好みで）

[タルト生地]

C［ バター… 60g
  粉糖… 30g

卵黄… 1個分
薄力粉… 100g
アーモンドプードル… 5g
塩… ひとつまみ

[栗ペースト]

マロンペースト… 150g
バター… 15g
生クリーム… 40g

[仕上げ]

生クリーム… 70g
グラニュー糖… 4g
むき甘栗… 6個

下準備

● バターは常温に戻す。
● 薄力粉、アーモンドプードルはそれぞれふるう。
● クレームダマンド用の卵は溶きほぐす。
● 仕上げ用の生クリームはグラニュー糖を合わせ8分立てのホイップクリームにする。
● 型にバター（分量外）を塗る。
● オーブンを170℃に予熱する。

□
□
□
☑
□
□

作り方

[クレームダマンドを作る]

1 Aを泡立て器ですり混ぜる。

2 Bを順番に加え、その都度しっかり混ぜる。

3 ラップで包み、冷蔵庫で最低4時間、できれば1日休ませる。

[タルト生地を作る]

4 Cをすり混ぜる。卵黄を加えてなめらかになるまで混ぜる。

5 薄力粉、アーモンドプードル、塩を加え、さっくりと混ぜる。

6 生地がまとまったらラップで包み、冷蔵庫で2時間休ませる。

7 5mm厚に伸ばし、直径8cmの丸型で抜き、タルト型に敷き込む。

8 タルト生地にクレームダマンドを絞り入れる。

9 170℃のオーブンで20分焼く。粗熱を取る。

[栗ペーストを作る]

10 すべての材料を練り混ぜ、裏ごしする。

[仕上げる]

11 タルトの上にホイップクリームを絞り、甘栗をのせ、甘栗を包むようにホイップクリームを絞り、形を整える。

ナイフやスパチュラで表面をそっとなぞります。

12 栗ペーストをぐるぐると巻き絞る。

時間が経つとボソボソになるのですぐに絞ってください。固くなったら牛乳を足しましょう。

Memo

● モンブラン用の口金がない場合は、あるもので代用してOKです！
● お好みで粉糖を振りかけても。

モンブランタルト
さつまいも

材料 （直径5cmのタルト型6個分）

[クレームダマンド]

A ┌ バター… 50g
　└ グラニュー糖… 50g

B ┌ 卵… 1個
　│ アーモンドプードル… 50g
　└ ラム酒… 10g（お好みで）

[タルト生地]

C ┌ バター… 60g
　└ 粉糖… 30g

卵黄… 1個分

薄力粉… 100g

アーモンドプードル… 5g

塩… ひとつまみ

[さつまいもペースト]

さつまいも… 正味100g

グラニュー糖… 20g

バター… 20g

[仕上げ]

生クリーム… 70g

グラニュー糖… 4g

さつまいも（1cm角）… 6個

下準備

●栗のモンブランタルト（P.71）
　と同様。

Memo

●ギザギザの片目口金を使いまし
　たが、あるもので代用してOK
　です。絞り方もお好みで。
●ゆでてカットしたさつまいも
　（分量外・皮付き）とローズマ
　リーを飾ればアクセントに。

作り方

1 栗のモンブランタルト（P.71）の1〜9と同様。

[さつまいもペーストを作る]

2 さつまいもは皮をむいて1cm厚の輪切りにする。

3 さつまいもを7〜8分茹で、つぶす。仕上げ用の
　さつまいもも一緒に茹で、取り分けておく。

4 つぶしたさつまいもが温かいうちにグラニュー糖、
　バターを加えて混ぜ、裏ごしする。

[仕上げる]

5 タルトの上にホイップクリームを絞り、角切り
　のさつまいもをのせ、さつまいもを包むように
　ホイップクリームを絞り、形を整える。

6 さつまいもペーストを絞る。

竹串がスッと刺さ
れば火が通ってい
ます。様子を見て
時間を調整してく
ださい。

マスカットのホールシャンティ

誕生日やクリスマスなど、特別な日に作りたいホールケーキ。
スポンジ生地を泡立てるときの温度を守れば、ふわふわに焼き上がります。
苺や桃など、季節のフルーツで作るのもおすすめ。

材料 （直径15㎝の丸型1台分）

[スポンジ生地]

A｜ 卵… 2個
　　グラニュー糖… 70g
薄力粉… 70g
牛乳… 20g

[仕上げ]

B｜ 生クリーム… 400g
　　グラニュー糖… 50g
マスカット… 1房

下準備

● 薄力粉はふるう。
● 牛乳はふつふつするまで沸かす。
● Bは半量を8分立て、半量を6分立てにする。
● 型にクッキングシートを敷く。
● オーブンを165℃に予熱する。
● スポンジにはさむマスカットは半分に切る。

作り方

[スポンジ生地を作る]

1 ボウルにAを入れ、湯煎で40℃ぐらいに保ちながら、ハンドミキサーで泡立てる。

温度が高すぎても低すぎても膨らみません！ 白っぽく、生地を持ち上げると帯状にもったりと落ちるぐらいになればOK。

2 薄力粉を加えてさっくりと混ぜる。

素早く！ 時間が経つと生地がダレて、膨らまなくなってしまいます。

3 温めた牛乳を加え、混ぜたらすぐに型に流し入れる。

ここも素早く！

4 165℃のオーブンで35分焼く。型から取り出し、常温で1時間休ませる。

[仕上げる]

5 スポンジを3枚にスライスする。スポンジの上に8分立てのBを塗り、半分に切ったマスカットを並べ、Bを塗る。これをもう1回行う。スポンジを上にのせる。

生地を縦に立たせるときれいに切れます。

6 6分立てのBをケーキ全面に塗り、残ったクリームを少し固めに泡立て直し、絞る。マスカットを飾る。

中のホイップクリームと飾りは固めがよく、全面に塗るのは柔らかめが扱いやすいです。

Memo

● タイムをあしらうと、お店みたいに！

苺のロールケーキ

苺の断面にきゅんとするロールケーキ。巻き方やカットの仕方、飾り付けを
ちょっと工夫するだけでプロっぽい仕上がりに。練乳入りのホイップクリームがおいしさの秘密。

材料 （23.5cm1本分）

苺… 1パック

[生地]

A ┌ 卵… 2個
  └ グラニュー糖… 75g

薄力粉… 45g

バター… 10g

牛乳… 5g

[仕上げ]

B ┌ 生クリーム… 200g
  └ 練乳… 30g

下準備

● 苺はヘタを取る。仕上げ用に5～6個取っておく。
● 薄力粉はふるう。
● バターは溶かす。
● 牛乳はふつふつするまで沸かす。
● **B**は6分立てにする。
● 天板にクッキングシートを敷く。
● オーブンを170℃に予熱する。

☐
☐
☐
☑
☐
☐

作り方

[生地を作る]

1 **A**を湯煎して40℃ほどに保ちながら、ハンドミキサーで泡立てる。白っぽく、生地を持ち上げると帯状にもったりと落ちるくらいまで泡立てる。

一気に泡立てるのがふわふわに仕上げるコツ。ハンドミキサーは高速で！

2 湯煎から外し、薄力粉を加え、ゴムベラでさっくりと混ぜる。

ふわふわの泡をつぶさないように。混ぜるのは30回ぐらいまで。

3 溶かしたバターと温めた牛乳を加え、混ぜる。

4 天板に生地を流し、すみずみまで伸ばす。生地の空気を抜く。

5 170℃のオーブンで15分焼く。粗熱を取る。

乾燥防止のためにクッキングシートをかぶせておきます。

6 生地が冷めたら、敷いたラップの上に置き、**B**を塗る。苺を手前寄りに一列に並べる。

ホイップクリームがはみ出さないように奥側を少なめに。苺の位置に印をつけるとカットするときに断面が見せられます。

7 手前から巻き、ラップで包んだまま冷蔵庫で2時間休ませる。

菜箸で支えて生地を持ち上げながら巻くとやりやすい。サイドから見て「の」の字になっているか確認しながら巻きます。

[仕上げる]

8 カットし、残った**B**を固めに泡立て直して絞り、刻んだ苺を飾る。

Memo

● 23.5cm四方の天板用の材料です。天板が長方形の場合、市販の正方形の型を使うと作りやすいです。100円ショップにもあります！
● 桃やマンゴーなどでもおいしく作れます。モンブランペーストと渋皮煮で栗のロールケーキにも！

お皿選びと写真のコツ

おいしいお菓子が出来上がったら、写真を撮りたくなりますよね。できるだけおいしそうに、
そしてかわいく見えるように、ほんのちょっとだけ工夫をしています。

スイーツを引き立たせる器

白や淡いベージュのシンプルなお皿は、どんなスイーツとも相性◎。お菓子のかわいさが際立つので、お皿自体が高価なものじゃなくてもほめてもらうことが多いです。

お菓子がシンプルなときは、グレーっぽさを感じるような、少しだけ色の入ったお皿を合わせたりします。ふちが幅広だったり、花びらのようにデザインされたものもシンプルなお菓子を引き立ててくれます。

お皿に対してやや余白が出るようにお菓子をカットすると、バランスよく見えます。

おいしそうに撮るヒント

私の写真は基本的に、スマホの内蔵カメラで撮ったもの。加工もしないのですが、唯一こだわっているのは日中、自然光で撮影すること。直射日光だと強すぎて質感がわかりづらくイマイチなので、レースのカーテン越しに、日差しが斜めに入る時間帯を選んで撮ります。私の家だと、季節を問わず15時30分ぐらいがベストタイミング。テーブルが濃い色だとそちらに目が行ってしまうので、お菓子を主役にするためにオフホワイトの布や紙を敷いています。よくテーブルをほめられるのですが、これは実はパンをこねるボード。裏がオフホワイトなので、その上にのせて撮影しているのです（笑）。

冷たいお菓子

口溶けなめらかなひんやり系のお菓子は、
暑い季節にはもちろん、冬に暖かなお部屋で味わうのも幸せ。
冷蔵庫や冷凍庫に入れておけば、忙しい一日でも、
スイーツのある豊かな時間をもたらしてくれます。

抹茶ババロア

オーブン
不要

口の中でふわっととろける、ひんやり冷たいババロア。
ほのかに苦味のある抹茶が甘さを引き立て、食べ飽きないおいしさです。

材料 （直径8cmのプリン型3個分）

[ババロア液]

牛乳…180g

A
- 卵黄…2個分
- グラニュー糖…80g
- 抹茶粉…8g

B
- ゼラチン…4g
- 水…40g

生クリーム（乳脂肪分35％）
　…100g

[仕上げ]

C
- 生クリーム（乳脂肪分35％）
　　…100g
- グラニュー糖…10g

抹茶粉…適量

下準備

● 牛乳はふつふつするまで沸かす。
● Bを合わせ、冷蔵庫に入れておく。
● Cは8分立てにする。

作り方

[ババロア液を作る]

1 Aをすり混ぜ、温めた牛乳を少しずつ加えながら、よく混ぜる。

2 裏ごしして、小鍋に移し、弱火で温めながら混ぜる。

3 Bを加え、混ぜ溶かし、小鍋を氷水に当てながらとろみがつくまで混ぜる。

とろみの目安はゴムベラを指で擦ったときに線ができる程度。

4 別のボウルで生クリームを6分立てにし、**3**を加え、軽く混ぜる。

生クリームの泡をつぶさないようにさっと混ぜます。

5 型に流し、冷蔵庫で5時間冷やす。

[仕上げる]

6 型から外してCをのせ、抹茶粉を振りかける。

Memo
● 仕上げ用の生クリームを乳脂肪分40％台にすると、より濃厚な風味に。

簡単アイスクリーム

材料を混ぜるだけの、超簡単アイスクリーム。
コーヒー＆ナッツ味とミックスベリー味、2つのフレーバーを同時に作れます！

材料 （2種類×2〜3個分）

[アイスクリーム生地]
A ┌ 牛乳… 80g
　└ 生クリーム… 200g
B ┌ 卵黄… 2個分
　│ グラニュー糖… 40g
　└ バニラエッセンス… 2〜3滴

[コーヒー＆ナッツ味]
インスタントコーヒー… 5g
熱湯… 10g
素焼きナッツ… 適量
[ミックスベリー味]
ミックスベリー (冷凍)… 50g

下準備

● 素焼きナッツは刻んでおく。
● インスタントコーヒーを熱湯で
　溶かす。
● ミックスベリーは解凍し、つぶ
　してペースト状にする。

> フードプロセッサーで解凍後ペースト状にするときれいな色になります。

作り方

1 Aを合わせ、ふつふつするまで沸かす。

> 牛乳と生クリームの温度で卵黄に火を入れるので、周りがふつふつと沸くまできちんと加熱すること。

2 ボウルにBを入れ、すり混ぜる。

3 1を少しずつ加え、その都度しっかり混ぜ、裏ごしする。

> 裏ごしすることで食感がなめらかに！

4 2等分にし、一方にはコーヒーとナッツ、もう一方にはミックスベリーを加えて混ぜ、バットに流し、冷凍庫で8時間以上冷やし固める。

Memo
● ディッシャーで市販のコーンにのせるとお店みたいに。
● 作りやすい量のレシピです。1種類だけ作る場合はコーヒーまたはミックスベリーを2倍量入れます。

イタリアンカッサータ

オーブン
不要

シチリア発祥の冷たいデザート、カッサータ。ドライフルーツやナッツ、
チョコの食感と色合いがアクセント。混ぜて冷やすだけのシンプルレシピです。

材料（18×8cmのパウンド型1台分）

A┌ リコッタチーズ… 150g
　└ グラニュー糖… 80g
生クリーム（乳脂肪分35％）… 130g
素焼きナッツ… 20g
ドライフルーツ… 10g
チョコチップ… 10g

下準備

● 型にクッキングシートを敷く。

作り方

1　**A**を混ぜ合わせる。

2　生クリームを6分立てにし、**1**を加え、よく混
　ぜる。

ダマを残さないよう
にムラなく混ぜます。

3　素焼きナッツ、ドライフルーツ、チョコチップ
　を加え、よく混ぜる。

断面がきれいに見えるよ
うにカラフルなドライフ
ルーツを選ぶと◎。

4　型に流し、冷凍庫で4時間以上冷やし固める。

マスカットテリーヌ型ゼリー

みずみずしいマスカットをギュッと閉じ込めたゼリーは、
見た目もときめくスイーツ。お気に入りのグラスで作っても◎。

材料 （18×8cmのパウンド型1台分）

マスカットジュース… 300g
グラニュー糖… 50g
粉ゼラチン… 10g
マスカット…大粒のもの1房

下準備

● マスカットは実を房から外す。

作り方

1 ふつふつするまでマスカットジュースを沸かす。

2 グラニュー糖、粉ゼラチンを加え、混ぜ溶かす。

3 型にマスカットを詰め、**2**を流す。

4 冷蔵庫で3時間以上冷やし固める。

固まったら、型に沿って
包丁を一周させ、周囲を
温かいぬれ布巾で包むと
きれいに外れます。

Memo
● マスカットは新鮮なものを。熟れすぎていると切っ
たときに断面が崩れがちです。
● マスカットジュースはDole（ドール）や Welch's（ウ
ェルチ）など果汁多めのものがおすすめ。

ほうじ茶ミルクプリン

ほうじ茶の香ばしさを味わいたくて考えた、短時間で作れるミルクプリン。
なんでもない日のおやつ時間にぴったりな、優しい味わいです。

材料 （直径8cmの容器2個分）

[プリン液]
ほうじ茶葉… 10g
熱湯… 5g
牛乳… 250g
グラニュー糖… 40g
粉ゼラチン… 4g

[仕上げ]
A ┌ 生クリーム… 80g
  └ グラニュー糖… 8g
ほうじ茶葉… 適量

下準備

● Aは6分立てにする。

作り方

[プリン液を作る]

1 小鍋にほうじ茶葉を入れて中火にかけ、乾煎りする。

乾煎りで香りをしっかり出すと風味が良くなります。強火だと焦げるので気を付けて！

2 香りがしてきたら熱湯を加え、煮出す。火を止め、牛乳を加えてよく混ぜる。

3 裏ごしし、グラニュー糖、粉ゼラチンを加え、混ぜ溶かす。

4 型に流し、冷蔵庫で4時間以上冷やし固める。

[仕上げる]

5 Aをのせ、ほうじ茶葉を散らす。

ティラミス

ふわっと柔らかな食感がティラミスの魅力。マスカルポーネのミルキーなクリームと
ほろ苦いコーヒーの風味が重なって、止まらなくなるおいしさです。

材料 （18×10cmの容器1個分）

[生地]
マスカルポーネチーズ… 200g
グラニュー糖… 50g
生クリーム… 100g
A
　インスタントコーヒー… 10g
　グラニュー糖… 3g
　熱湯… 30g
ココア味スポンジ5号（市販・2枚スライス）… 1個
[仕上げ]
ココアパウダー… 適量

下準備

● **A**は合わせて混ぜ溶かす。

作り方

[生地を作る]

1 マスカルポーネチーズとグラニュー糖を練る。

2 生クリームを6分立てにして加え、よく混ぜる。

3 スポンジを適当な大きさにカットして容器に敷
き、**A**を染み込ませる。**2**をスポンジの上に絞る。
これを2回繰り返す。

コーヒーを染み込ませる
ときはハケを使うと便利。
クリームは絞り袋を使わ
ず、ゴムベラで塗り伸ば
してもOKです。

4 ラップし、冷蔵庫で3時間冷やす。

[仕上げる]

5 表面にココアパウダーを振りかける。

Memo
● スポンジはココア味だと断面がきれいです
が、プレーン味でもおいしくできます。

マンゴーショコラムース

濃厚なショコラムースと甘酸っぱいマンゴームースのバランスが感動的なスイーツ。
大きめにカットしたマンゴーが華やかなので、おもてなしの場にもぴったり。

材料　（直径12cmの丸型1台分）

[ボトム生地]
ビスケット… 8枚（72g）
バター… 20g

[ショコラムース]
チョコレート… 40g
生クリーム（乳脂肪分35%）
　… 120g

[マンゴームース]
マンゴーピューレ… 50g
グラニュー糖… 30g
A［粉ゼラチン… 2g
　水… 20g
生クリーム（乳脂肪分35%）
　… 80g

[グラサージュ]
B［マンゴーピューレ… 30g
　グラニュー糖… 20g
　水飴… 7g
　水… 12g
C［粉ゼラチン… 2g
　水… 20g

[仕上げ]
マンゴー… 1個
D［生クリーム… 50g
　グラニュー糖… 5g

下準備

● バターは溶かす。
● ショコラムース用の生クリームは常温に戻し、40gと80gに分けておく。
● AとCはそれぞれ合わせ、冷蔵庫に入れておく。
● マンゴーは一口大にカットする。
● Dは8分立てにする。

□
□
□
□
☑
□

作り方

[ボトム生地を作る]

1 ビスケットを細かく砕き、溶かしたバターを加えてもみ込む。型に敷き詰め、冷蔵庫で冷やす。

厚手のポリ袋を使うと便利。

[ショコラムースを作る]

2 チョコレートを湯煎にかけて半分ほど溶かす。ふつふつするまで沸かした生クリーム40gを加え、中心からゆっくり優しく混ぜる。

混ぜ過ぎず、中心からそっと混ぜるのがコツ。

3 生クリーム80gを6分立てにして加え、混ぜる。

生クリームがキンキンに冷えていると分離の原因に。

4 型に流し、冷凍庫で1時間冷やす。

[マンゴームースを作る]

5 マンゴーピューレをふつふつするまで沸かし、グラニュー糖、Aを加えて混ぜ溶かす。とろみが出るまで混ぜ、粗熱を取る。

ゴムベラを指で擦って筋が残る状態が目安です。

6 生クリームを6分立てにして加え、混ぜる。

7 4の上に流し、冷蔵庫で2時間冷やす。

[グラサージュを作る]

8 Bをふつふつするまで沸かし、Cを加えて混ぜ溶かす。

9 粗熱が取れたら7の上に流し、冷蔵庫で1時間冷やす。

[仕上げる]

10 型から外し、Dを絞り、マンゴーを飾る。

Memo
● マンゴーは冷凍のものでもOKです。
● お好みでタイムをあしらっても。

喜ばれる簡単ラッピング

バレンタインデーや誕生日はもちろんですが、特別な日じゃなくても、
お菓子を上手に作れたら、誰かにプレゼントしたくなりませんか？
崩れにくくて見た目もかわいいラッピング方法をお伝えします！

オリジナルシールで

簡単でいろいろなお菓子に使えるのが、市販の
OPP袋とシールを組み合わせたラッピング。OPP
袋は100円ショップでいろいろなサイズのものが
揃っています。シールは『LINE Camera』のような
画像編集アプリでテキストメッセージを作り、画像
として保存。それをコンビニのネットプリントでシー
ル印刷。手軽に映えるのでおすすめです！
クッキー類には食品乾燥剤（シリカゲル）、フィナ
ンシェやマドレーヌのような焼き菓子には脱酸素剤
を入れると劣化を防げます。ホームセンターなどで
購入できますよ。

お店みたいなBOXに

バスクチーズケーキのような生っぽいお菓子や形が
崩れやすいケーキなどは、ボックスに入れるのがベ
スト。紙のマフィンカップを広げて円にし、ケーキ
をのせて、形に合わせて折り曲げれば底紙に！ 耐
油、耐水なのでケーキをのせても染みません。さら
に側面にOPPシート（クリアシート）をぐるりと巻
けば、まるでお店のスイーツ！
マフィンカップ、OPPシートともに100円ショッ
プで揃います。

チョコレートのお菓子

小さなボンボンショコラから、ホールのガトーショコラまで。
ほとんどは板チョコでOKという手軽さです。
バレンタインデーなどイベントにもぴったりなかわいいお菓子たちで
自分や大切な誰かを喜ばせて。

ボンボンショコラ

市販の板チョコをベースにして作る、本格的なボンボンショコラ。
4フレーバーの中からお好きなものを作ってみて。
プレゼントしても喜ばれる、高級感のある味わいです。

オーブン
不要

材料 （4種×6〜8個分）

[ショコラガナッシュ]
チョコレート… 100g
生クリーム… 50g
[苺ガナッシュ]
ルビーチョコレート… 100g
生クリーム… 30g
苺クランチ… 10g

[ほうじ茶ガナッシュ]
ホワイトチョコレート… 100g
生クリーム… 30g
ほうじ茶パウダー… 8g
[抹茶ガナッシュ]
ホワイトチョコレート… 100g
生クリーム… 30g
抹茶粉… 10g
[仕上げ]
コーティングチョコ… 600g

下準備

● 広めの四角い保存容器にクッキングシートを敷く。

作り方

[ガナッシュを作る]

1 1種類ずつ作る。チョコレートを湯煎で半分ほど溶かし、ふつふつするまで沸かした生クリームを加え、ゆっくり優しく混ぜる。それぞれに苺クランチ、ほうじ茶パウダー、抹茶粉を加えて混ぜる。

> チョコレートを溶かすのは半分程度。全部溶かすと分離の原因に。混ぜ過ぎず、中心からそっと混ぜるのがコツ。

2 保存容器に流し、冷蔵庫で3時間冷やし固める。

[仕上げる]

3 コーティングチョコを湯煎にかけて溶かす。

> コーティングチョコはガナッシュの量によって分量を調整してください。

4 2を3cm角に切り、コーティングチョコにくぐらせ、クッキングシートの上で固める。

> 苺と抹茶のガナッシュが柔らかい場合、短時間冷凍庫に入れると切りやすくなります。

> フォークや箸を使うとやりやすいです。

5 細い絞り袋に入れたコーティングチョコで表面に模様をつける。

> 厚手のポリ袋の一角をほんの少しカットしたもので代用できます。

Memo

● 1種類だけ作る場合は、コーティングチョコを200gにしてください。
● 余ったガナッシュは丸めて粉糖やココアパウダーをまぶせばトリュフチョコになります。
● ルビーチョコレートの代わりに苺チョコレートを使っても◎。
● コーティングチョコ、苺クランチはスーパーの製菓材料コーナー、100円ショップなどで扱っています。

チョコレートクランチ

溶かして、混ぜて、丸めるだけ！ ザクザクした食感がクセになる
チョコレートクランチ。チョコ、ホワイトチョコ、
抹茶チョコと3つの風味でカラフルに仕上げました。

材料 （3種類×9〜10個分）

[チョコクランチ]
チョコレート … 50g
コーンフレーク … 30g
[ホワイトチョコクランチ]
ホワイトチョコレート … 50g
コーンフレーク … 30g
[抹茶チョコクランチ]
ホワイトチョコレート … 50g
コーンフレーク … 30g
抹茶粉 … 5g

下準備

● コーンフレークを細かく砕く。

作り方

1 1種類ずつ作る。チョコレート、ホワイトチョコレートを湯煎で溶かす。抹茶チョコクランチはホワイトチョコレートが溶けたら抹茶粉を加える。

2 コーンフレークを加えて混ぜる。

3 丸みのあるスプーンで直径3cmほどの半球にし、クッキングシートにのせる。冷蔵庫で1時間冷やし固める。

溶けたチョコレートがや
や冷めて固まり始めたタ
イミングがベストです。

チョコレートマフィン

しっとり食感のマフィンにチョコチップを入れて香ばしく焼き上げました。
チョコレートクリームをのせてカフェスイーツ風に！

材料 （直径5cmのマフィンカップ12個分）

[マフィン生地]
卵… 120g
グラニュー糖… 80g
バター… 100g
牛乳… 30g
チョコレート… 50g
A ┌ 薄力粉… 170g
  │ ココアパウダー… 30g
  └ ベーキングパウダー… 3g
チョコチップ… 20g

[チョコレートクリーム]
生クリーム… 150g
チョコレート… 50g
[仕上げ]
ココアパウダー…適量
チョコチップ…適量

下準備

● 卵は溶きほぐす。
● バターは溶かす。
● Aは合わせてふるう。
● オーブンを180℃に予熱する。

作り方

[マフィン生地を作る]

1 溶いた卵とグラニュー糖を泡立て器で混ぜ、白っぽくなったら溶かしたバターを加える。

2 牛乳をふつふつするまで沸かし、チョコレートを加えて混ぜ溶かす。

3 1に2を加えて混ぜたら、Aを加え、粉っぽさがなくなるまで混ぜる。

4 チョコチップを加え、混ぜる。

全体に行き渡るようによく混ぜて。

5 マフィンカップに8分目ほど流し入れ、180℃のオーブンで25分焼く。

[チョコレートクリームを作る]

6 生クリーム150gのうち、100gを6分立てにする。

7 生クリームの残り50gをふつふつするまで沸かし、40℃まで冷ます。

8 別のボウルにチョコレートを入れて湯煎で半分ほど溶かし、7を加え、しっかり混ぜる。

9 温かいうちに6に加え、一気に混ぜる。

温度が大切です。先に泡立てておいた生クリームも冷やさないように！

[仕上げる]

10 粗熱を取った5にチョコレートクリームを絞り、ココアパウダーを振りかけ、チョコチップを飾る。

Memo
● ココアパウダーを入れなければ、プレーン生地のチョコチップマフィンになります。
● チョコレートクリームの代わりに普通のホイップクリームでもOK。

チョコレートガナッシュサンド

濃厚なガナッシュをサクサクのココアクッキーでサンドした、チョコ好きには
たまらないスイーツ。甘さが口いっぱいに広がって、幸せな気分に浸れます。

材料 （直径6cmの丸型10個分）

[クッキー生地]
バター… 60g
粉糖… 40g
卵黄… 1個分
A ┌ 薄力粉… 100g
　├ アーモンドプードル… 10g
　├ ココアパウダー… 25g
　└ 塩… 1g

[ガナッシュ]
チョコレート… 300g
生クリーム… 120g
バター… 10g

下準備

● バターは常温に戻す。
● Aは合わせてふるう。
● 天板にクッキングシートを敷く。
● オーブンを170℃に予熱する。

作り方

[クッキー生地を作る]

1 バターを練って柔らかくし、粉糖を加えて練り混ぜる。

2 卵黄を加えて白っぽくなるまで混ぜ、Aを加えてさっくりと混ぜる。粉っぽさが少なくなってきたら手でまとめる。

3 ラップで包み、冷蔵庫で2時間ほど休ませる。
　しっかり休ませることでサクサクした食感になります。

4 打ち粉（薄力粉・分量外）をしながら5mm厚に伸ばし、直径6cmの丸型で抜く。

5 天板にのせ、170℃のオーブンで15分焼く。

[ガナッシュを作る]

6 チョコレートを湯煎で半分ほど溶かす。

7 ふつふつするまで沸かした生クリームを加え、ゆっくり優しく混ぜる。
　チョコレートと生クリームは中心から「そーっと混ぜる」を意識して。

8 バターを加えて溶かし、混ぜる。

9 1cm厚になるように保存容器などに流し、冷蔵庫で2時間冷やし固める。

10 ガナッシュが固まったら4と同じ型で丸く抜く。

[仕上げる]

11 クッキーが冷めたらガナッシュをはさむ。

Memo
● 粉糖を使うことでサクサク、ほろほろの食感になります。食感は変わりますが、グラニュー糖でもOK。

ガトーショコラ

口どけのいいガナッシュを重ねたガトーショコラ。材料はなんと7つだけ！
なのに、このクオリティは感動もの。アールグレイと抹茶味もぜひ試して。

材料 （直径15cmの丸型1台分）

[ガトーショコラ]
卵黄… 3個分
グラニュー糖… 80g
チョコレート… 50g
バター… 40g
生クリーム… 35g
A [薄力粉… 15g
　　ココアパウダー… 40g]
卵白… 3個分

[ガナッシュ]
生クリーム… 45g
チョコレート… 50g
[仕上げ]
B [生クリーム… 150g
　　グラニュー糖… 15g]
ココアパウダー… 適量

下準備

● 卵は卵黄と卵白に分けておく。
● Aは合わせてふるう。
● 型にクッキングシートを敷く。
● オーブンを160℃に予熱する。
● Bは6分立てにする。

作り方

[ガトーショコラを作る]

1 卵黄、グラニュー糖40gをゴムベラですり混ぜる。

2 チョコレートとバターを湯煎にかけて溶かし、1に加え、混ぜる。

3 生クリームを加え、全体になじむまで混ぜる。

4 Aを加え、粉っぽさがなくなるまで混ぜる。

5 別のボウルに卵白を入れ、グラニュー糖40gを3回に分けて加えながらツノが立つまでハンドミキサーを高速にしてメレンゲを作る。

3回に分けるのできめの細かいメレンゲに。メレンゲは固めに泡立てて。

6 メレンゲの1/3を4に加え、なじむまで混ぜる。

7 残りのメレンゲを再度ツノが立つまで泡立て、そこに6を戻し、混ぜる。

泡をつぶさないようにさっくり混ぜて。

8 型に流し、160℃のオーブンで45分焼く。

9 粗熱を取り、冷蔵庫で8時間休ませる。

生地が落ち着き、チョコレートの風味が増します。

[ガナッシュを作る]

10 チョコレートを湯煎で半分ほど溶かす。ふつふつするまで沸かした生クリームを加え、ゆっくり優しく混ぜる。

11 ガトーショコラを型から出し、へこんだ部分にガナッシュを流し、冷蔵庫で2時間休ませる。

[仕上げる]

12 Bを全面に塗り、ココアパウダーを振りかける。

Arrange

ガトーショコラ アールグレイ

材料 （直径15cmの丸型1台分）

[ガトーショコラ]
卵黄…3個分
グラニュー糖…80g
生クリーム…40g
紅茶葉（アールグレイ）…4g
チョコレート…50g
A [薄力粉…15g
ココアパウダー…40g]
卵白…3個分
[ガナッシュ]
生クリーム…30g
紅茶葉（アールグレイ）…4g
ホワイトチョコレート…30g
[仕上げ]
B [生クリーム…200g
グラニュー糖…20g]
紅茶葉（アールグレイ）…適量

下準備

● ガトーショコラ用の生クリームに紅茶葉を入れ、ふつふつするまで沸かし、置いておく。
● 他はプレーン（P.105）と同様。

作り方

[ガトーショコラを作る]

1 卵黄、グラニュー糖40gを入れ、ゴムベラですり混ぜる。

2 別のボウルでチョコレートを湯煎で溶かし、紅茶を煮出した生クリームを裏ごしして加え、よく混ぜる。それを1に加え、さらに混ぜる。

3 プレーン（P.105）の**4〜9**と同様。

[ガナッシュを作る]

4 生クリームに紅茶葉を入れ、ふつふつするまで沸かし、色が出たら裏ごしする。

5 ホワイトチョコレートを湯煎で半分ほど溶かしたら、**4**を加え、ゆっくり優しく混ぜてガナッシュを作る。

6 ガトーショコラを型から出し、へこんだ部分にガナッシュを流し、冷蔵庫で2時間休ませる。

[仕上げる]

7 **B**を全面に塗ってから、絞ってデコレーションする。紅茶葉を振りかける。

Arrange

ガトーショコラ
抹茶

材料 （直径15cmの丸型1台分）

[ガトーショコラ]
卵黄… 3個分
グラニュー糖… 80g
ホワイトチョコレート… 100g
生クリーム… 60g
A [薄力粉… 20g
　　抹茶粉… 30g]
卵白… 3個分
[ガナッシュ]
ホワイトチョコレート… 50g
生クリーム… 30g
抹茶粉… 4g
[仕上げ]
B [抹茶粉… 6g
　　グラニュー糖… 26g]
生クリーム… 150g
抹茶粉…適量

下準備

● **B**の下準備以外プレーン
　（P.105）と同様。
● **B**は混ぜ合わせる。

作り方

[ガトーショコラを作る]

1 卵黄、グラニュー糖40gをゴムベラですり混ぜる。

2 ホワイトチョコレートを湯煎で溶かし、**1**に加え、混ぜる。

3 プレーン（P.105）の**3〜9**と同様。

[ガナッシュを作る]

4 ホワイトチョコレートを湯煎で半分ほど溶かす。ふつふつ
するまで沸かした生クリーム、抹茶粉を加え、ゆっくり優
しく混ぜる。

5 ガトーショコラを型から出し、へこんだ部分にガナッシュ
を流し、冷蔵庫で2時間休ませる。

[仕上げる]

6 **B**に少しずつ生クリームを加えながら混ぜ、溶けたら6分
立ての抹茶ホイップクリームを作る。

7 **7**を全面に塗り、抹茶粉を振りかける。

ドリップチョコレートホールケーキ

バレンタインやクリスマスにぴったりなホールのチョコレートケーキ。一見難しそうですが、
初心者さんでも大丈夫！ デコレーションのドリップが絵になるかわいさです。

材料 （直径15cmの丸型1台分）

[スポンジ生地]

A ［ 卵… 2個
　　グラニュー糖… 70g

B ［ 薄力粉… 60g
　　ココアパウダー… 10g

牛乳… 20g

[チョコレートクリーム]
生クリーム… 300g
チョコレート… 100g

[仕上げ]
苺… 1パック

C ［ 生クリーム… 50g
　　水… 35g
　　グラニュー糖… 30g
　　ココアパウダー… 20g

D ［ 粉ゼラチン… 2g
　　水… 20g

下準備

● 卵は溶きほぐす。
● Bは合わせてふるう。
● 牛乳はふつふつするまで沸かす。
● 型にクッキングシートを敷く。
● オーブンを165℃に予熱する。
● 苺は7〜8個をデコレーション用に取り分け、残りはヘタを取り、縦3等分のスライスにする。
● Dを合わせ、冷蔵庫に入れておく。

□ □ □ □ ☑

作り方

[スポンジ生地を作る]

1 ボウルにAを入れ、湯煎で40℃ぐらいに保ちながら、ハンドミキサーで泡立てる。

> グラニュー糖が溶けるまで湯煎で温めます。白っぽく、生地を持ち上げると帯状にもったりと落ちるぐらいになればOK。

2 Bを加えてさっくりと混ぜる。

> 猛スピードで！ ココアパウダーが水分を吸うのでゆっくり行うと生地がしぼんでしまいます。

3 温めた牛乳を加え、混ぜたらすぐに型に流し入れる。

> ここも素早く。

4 165℃のオーブンで35分焼く。型から取り出し、粗熱を取る。

[チョコレートクリームを作る]

5 生クリーム300gのうち、200gを6分立てにする。

6 生クリームの残り100gをふつふつするまで沸かし、40℃まで冷ます。

> 温度が成功のカギ！ 先に泡立てておいた生クリームも冷やさないように。

7 別のボウルにチョコレートを入れて湯煎で半分ほど溶かし、6を加え、しっかり混ぜる。

8 温かいうちに5に加え、一気に混ぜる。

[仕上げる]

9 スポンジを3枚にスライスする。スポンジの上にチョコレートクリーム、スライスした苺、チョコレートクリームの順に重ねる。これをもう1回行う。その上にスポンジをのせ、ケーキ全面にチョコレートクリームを塗る。

> 苺を隙間なく並べると断面がきれいです。

10 鍋にCを混ぜ入れ、ふつふつするまで沸かして火を止め、Dを加える。とろみがついたら裏ごしし、粗熱を取る。ケーキの天面に注ぎ、伸ばしながら側面に少し垂らす。

11 チョコレートクリームを絞り、デコレーション用の苺を飾る。

Memo
● 仕上げにココアパウダーを振りかけると、かわいさが増します。

おわりに

　小学6年生の頃から、本気でパティシエに憧れていました。

　夢を叶えるため、地元で一番厳しいと評判の製菓学校に通い、晴れてホテルパティシエとして就職。しかし、待っていたのは思い描いていた世界とは違い、お菓子作りの楽しさを忘れてしまうような環境でした。お給料もわずかだったので、奨学金の返済や家賃の支払いも厳しくて……就職して2年が過ぎたある日、辞める決意をしました。

　ホテルパティシエは辞めてしまったけど、おかげで知識や技術は身についたし、やっぱり私はお菓子作りが大好き。家で作っていると嫌なことを忘れられるし、食べると癒やされます。たまに雑に作ったり、多少難ありでも、友達や家族に「おいしい」と言ってもらえると、それだけで嬉しかった。

　もしかして、私と仕事や状況が違っても、同じようにスイーツで幸せな気持ちになれる人がいるかもしれない。プロとしての経験を生かして「簡単だけど成功する作り方」をみなさんに伝えたいと思い立ちました。

　せっかく作るなら、見た目も味もお店レベルで、けれど初めての人にも「おいしく作れた！」という嬉しい体験をしてもらいたい。それがmegu'caféとして活動を始めるきっかけでした。

　そうして始めたSNSやYouTubeでの発信。自分なりに工夫しながら投稿を続けるうちに、ありがたいことに見てくださる方が増えて、おかげでこうして本を出版できることになりました。「作ってみました」「今までで一番おいしくできました」そんなふうにいただく声が本当に嬉しくて。言葉で表せないくらい、感謝でいっぱいです。

　そんなみなさんの役に立つ本にできるよう、本当に毎日、試作を繰り返しました。初心者の方でも簡単に作れるように、失敗がないように、けれどおいしさは妥協しないように、SNSで発表したレシピも改良に改良を重ねていきました。

　この本を見て、お菓子作りに苦手意識のある人が「これなら作ってみようかな」と挑戦してくれたり、週末に「時間があるから何か作ろう」と思ってくれたり。もしかしたら昔の私のように途中でパティシエの道を断念した人が、またお菓子作りをするきっかけにしてくれるかもしれません。そういう人が一人でも増えたらいいなと思っています。

　できたてのスイーツが食べられるのは、作った人の特権です！
大切な人や家族と一緒に、そして自分へのご褒美として。
手作りのスイーツと、幸せなひとときを味わっていただけたら何よりです。

megu'café

megu'café
（馬場めぐみ）

製菓学校卒業後、ホテルパティシエに。
退職後、現在はカフェに勤務しながら日
常のお菓子レシピも考案し、SNSにレシ
ピを投稿。カフェのようなクオリティの
見た目からは想像できないほどの手軽さ、
作りやすさで反響を呼ぶ。

X（旧Twitter）@megucafe02

ふつうの材料だけで作る
お店みたいなスイーツレシピ

2024年2月7日　初版発行
2024年9月10日　5版発行

著者　megu'café

発行者　山下 直久

発行　株式会社KADOKAWA
　　　〒102-8177　東京都千代田区富士見2-13-3
　　　電話0570-002-301（ナビダイヤル）

印刷所　TOPPANクロレ株式会社

製本所　TOPPANクロレ株式会社

●お問い合わせ
https://www.kadokawa.co.jp/（「お問い合わせ」へお進みください）
※内容によっては、お答えできない場合があります。
※サポートは日本国内のみとさせていただきます。
※Japanese text only

定価はカバーに表示してあります。
©megucafe 2024 Printed in Japan
ISBN 978-4-04-683432-4　C0077